こうして乗り切る、切り抜ける
認知症ケア

家族とプロの介護者による究極の知恵袋

編著 朝田 隆（筑波大学教授） | 吉岡 充（上川病院理事長） | 木之下徹（こだまクリニック院長）

株式会社 新興医学出版社

編　集

朝田　　隆	筑波大学臨床医学系精神医学教授
吉岡　　充	医療法人社団充会上川病院理事長
木之下　徹	医療法人社団こだま会こだまクリニック院長

執筆者一覧（職種/五十音順）

医師

朝田　　隆	筑波大学臨床医学系精神医学教授
木之下　徹	医療法人社団こだま会こだまクリニック院長
竹俣　高綱	医療法人社団充会上川病院
吉岡　　充	医療法人社団充会上川病院理事長

看護師

井口　昭子	上川病院 総師長
川島　理恵	上川病院 病棟師長
今野　優美子	上川病院 病棟師長
土谷　範恵	筑波記念病院
前田　真由美	筑波記念病院

作業療法士

井上　浩希	筑波記念病院
斉藤　　裕	筑波記念病院
山倉　敏之	筑波記念病院

理学療法士

| 藤原　誉久 | 上川病院リハビリテーション室 主任 |

臨床心理士

| 杉浦　ゆき | 筑波記念病院 |
| 松岡　恵子 | 筑波記念病院 |

介護福祉士

| 野瀬　真由美 | 筑波記念病院 |

精神保健福祉士
    高橋　史子　　上川病院医療相談室 主任
    山崎　聖子　　筑波記念病院

在宅ケアのスペシャリスト

（ケアマネージャー：CM，看護師：Nrs，訪問薬剤師：P）
    江湖山さおり　　こだまクリニック，CM
    笠松喜代美　　三光薬局（大崎支店），P
    河野　英子　　社団法人東京社会福祉権利擁護センター，ぱあとなあ会員，CM
    神澤　都　　地域包括センターさわやかサポート久ヶ原，CM
    小林眞理子　　ケアタウン小平ヘルパーステーション，CM
    杉森　博子　　みずたま介護ST自由が丘，CM
    内藤嘉奈子　　いずみサポート，CM
    長谷川侑香　　介護支援事業所　イエナ・ケアサプライ（楢林神経内科クリニック），CM
    真下　有希　　みずたま介護ST自由が丘，CM
    本多　智子　　こだまクリニック，Nrs

ご家族

秋山　好胤	井上貴美枝	飯塚　博子
飯島真理子	皆藤　行子	川村　英夫
里村　良一	坂本　誠	須永圭井子
田上　尚子	等々力　聡	中野　令子
中村　恵子	橋本　愛彦	広瀬真知子
広瀬　充江	福原　鈴江	峰　幸子
宮本　武憲	山下　文枝	

● 序　文 ●

　すぐ前のことを思い出せなくなったり，これまで出来ていたことができなくなったりしたそんなご自分をイメージできますか？　とても不安で，怖いことだと思います。「自分はどうなってしまうの」という思いに駆られて周りに当たり散らしたり，ひどく落ちこんでしまったりすることでしょう。

　あるいは，ご家族の誰かが認知症になったらどうでしょうか。1つ1つの簡単な行為ができない，とんでもない失敗の連続で後始末に追われる毎日。さらにBPSD（認知症を伴う心理，身体的症状）が加わると，周囲を巻き込む騒ぎは大きくなって，にっちもさっちもいかなくなります。「嫌がらせでやっているのでは」と腹も立ち，堪忍袋の緒も切れかかることでしょう。

　元気でしっかりされていた頃の姿と比較して，「なぜ思い出せないの？」「なぜできないの？」「どうしてこんなことするの！」と責め続けてしまうかもしれません。また就労している家族介護者であれば，仕事を辞めざるを得なくなって経済的にも大変になります。さらに最近増えつつある「認認介護」つまり介護者である連れ合いも認知症というケースでは，ご夫婦の生活基盤が危険にさらされます。頼みの介護保険制度も，こと在宅の認知症高齢者には，不十分な制度と言わざるを得ません。このように認知症の人をケアする介護者のご負担は筆舌に尽くしがたいものがあります。

　これまで認知症の人へのケアの基本は，環境整備や対応の仕方にあると言われてきました。ところが多くの場合，こうした事柄は「優しさをもって」「相手の立場に立って」「個別性を重んじて」などと理念として語られる傾向が強かったように思われます。そこで

ややもすると，実際に何をどうすればいいのかという具体的な方法が示されることが少なかったかもしれません。

　このような現状を踏まえて，認知症ケアの場で経験しがちな「これは困った」「キレそうだ」という場面を選び出しました。それに当っては，家族介護者，さまざまな介護職，そして認知症専門病院のスタッフという3つの異なる立場の方々との話し合いを重ねました。その上で，それぞれの実体験をもとに現実に役立つ具体的な対応方法を皆で練り直しました。そして煮詰めたご経験や案をわかりやすい文章にまとめてみました。このような製作過程を反映して，本書は3部構成になっています。つまり在宅の認知症の人を想定した家族介護者と介護スタッフによるA章，また介護スタッフの悩みのB章，さらに入院・入所の人を想定した病院スタッフによるC章に分かれます。AとB章はQ&A形式です。

　認知症の方，介護されるご家族はその個性も生活環境も様々に異なります。そこでQ&A形式の章では，1問に1答ではなく，できるだけ多くの回答を用意するように努めました。こうして出来上がった回答は，いずれも決して机上の空論ではない，苦労の末に得られた介護者の知恵の結晶です。

　また日々の介護においては，身体障害への対応や救急の事態など医療的な問題も起こりえます。そこで医療者やリハビリ・作業療法の専門家によるすぐに役立つ工夫やこつの記述もお願いしました。

　このようにして出来上がった本書が認知症介護にご苦労されている方々にとって，少しでもお役に立てればと執筆者一同が願っています。

平成22年1月

朝田　隆，吉岡　充，木之下　徹

目　次

PART A　在宅の認知症の人への対応
1. 食事関係 …………………………………………………… 3
2. 着脱 ………………………………………………………… 18
3. 入浴 ………………………………………………………… 24
4. 身だしなみ ………………………………………………… 29
5. 衛生 ………………………………………………………… 31
6. 買い物・外出 ……………………………………………… 34
7. 安全・火の元 ……………………………………………… 37
8. 運転・免許 ………………………………………………… 41
9. 1人にしておける？ ……………………………………… 45
10. 休日の過ごし方 …………………………………………… 51
11. 睡眠と覚醒のリズム ……………………………………… 55
12. いたずら …………………………………………………… 58
13. 徘徊 ………………………………………………………… 61
14. 帰宅欲求 …………………………………………………… 67
15. 不潔行為 …………………………………………………… 69
16. 暴力 ………………………………………………………… 83
17. もの盗られ妄想 …………………………………………… 87
18. 繰り返しの質問 …………………………………………… 89
19. つきまとい ………………………………………………… 93
20. うつ ………………………………………………………… 95
21. 記憶障害そのもの―探し物,「なくなった！」………… 98
22. 誤薬（服薬管理）………………………………………… 104
23. 怒りに克つ ………………………………………………… 106

PART B　介護スタッフ・関連職域の人たちの疑問や悩み
1. 子どもたちが関わりを持とうとしない家族 …………… 113
2. 親が認知症であるのを否定・否認する家族への対応 ………… 115

3. まわりは受け入れても本人がサービス受け入れを断固拒否 … 118
4. いわゆる認認介護のケース ………………………………… 120
5. デイサービス利用に関わるトラブル ……………………… 122
6. 性的問題 …………………………………………………… 125
7. 急に体調が悪くなった！ …………………………………… 128
8. 認知症の治療 ……………………………………………… 131
9. 認知症の薬物療法 ………………………………………… 134
10. 認知症の非薬物療法 ……………………………………… 137

PART C　病院・施設での認知症対応
1. 認知症をどうとらえ，その治療にどう関わるか？ ………… 141
2. 現実のBPSDへの対応 …………………………………… 146
3. 介護への抵抗・非協力にどうするか？ …………………… 153
4. 介助の技術―作業療法士による着脱のコツ …………… 161
5. 介助の技術―作業療法士による靴はかせのコツ ……… 163
6. 介助の技術―作業療法士による移動介助のコツ（歩行） …… 166
7. 介助の技術―作業療法士による車イス操作のコツ ……… 173
8. 介助の技術―作業療法士によるベッドから起こすコツ … 176

PART D　起こりがちな病気と障害
1. 誤嚥性肺炎 ………………………………………………… 181
2. 床ずれ（褥瘡） …………………………………………… 183
3. 尿失禁 ……………………………………………………… 186
4. 拘縮 ………………………………………………………… 188
5. 廃用性筋萎縮 ……………………………………………… 190
6. 低温火傷 …………………………………………………… 191
7. 転倒・骨折 ………………………………………………… 192

PART E　用語解説 ……………………………………………… 197

PART A
在宅の認知症の人への対応

　ここではQ&Aのスタイルで在宅の認知症の人を想定して困った場面の対応について，ご家族とケアスタッフによる回答を扱います。

PART A　在宅の認知症の人への対応

1. 食事関係

Q1 食事の時に出した食物のいくつかに手をつけず必ず残します。栄養のバランスを考え，出しているのですが，どうしてもだめです。これでは，一生懸命に考えた料理も何の役にもたちません。どの食物も少しは食べてもらうには，どのようにしたらよいでしょうか？

● ポイント ●
- アルツハイマー病などの認知症では目の前に複数の食器や食物があっても，限られたものにしか注意が向かなくなります。
- 認知症が進むにつれ見える範囲が狭くなっていき，重症になると，目の前のものしか見えなくなってしまいます。
- 注意を促しても容易に気付いてもらえないのが普通です。
- 食べているときに，「こうしなさい，あ〜しなさい，これじゃだめじゃない」と言われると，誰でもおいしく食べることは出来ません。否定せずに見守る心も大切でしょう。

これはそれほど悩むことでもありません。1つの丼にご飯とおかず類を入れて混ぜてしまえば完食できます。認知症の人にとっては大きな器で1つでも小さな器で1つでも同じことです。小さな器で見た目をきれいに5つ並べてあげるよりも大きな1つの器の方が食べやすいのです。

要は，見た目をきれいに盛りつけるか，中身を重視し，栄養バランスを考えるかの違いです。どうしても食べさせたい，完食させた

いという場合は1つの丼に盛り付ける方法をお勧めします。

 言えばわかる時期であれば,「ここにおかず(ご飯,お汁)もありますよ」と声をかけてみるのはどうでしょうか。途中で食卓のご飯,おかず,汁物の場所を少し入れ替えて視界に入るようにしたりするのも1つの案です。

 言ってもわからない時期があります。認知機能低下が進み食べることがわからなくなる時期でもあり,できる限り食事をする環境を作ることも必要です。口周囲のマッサージ,少しすわりなおして姿勢をととのえる,また,食べ物に気づいてもらう,気がちらないような環境をつくることも大事です。

 とくに言うと怒ってしまう場合には,少量ずつ盛った小皿をいくつか並べて順番に出し,そして下げていってはどうでしょうか。

 このような時期には逆に丼を口元に近づけかきこんでしまい，食物を誤って飲み込み，肺に入ってしまう可能性もあります。一食を3つに分けて，小丼におかずをのせ3回楽しんでもらうのもよいかもしれません。

 一点集中食いで，汁だけ，ご飯だけ，そしておかずだけ食べても最終的には栄養がとれるのであれば，その食べ方を見守るというのも1つの案でしょう。

 おかずしか食べず，最後にご飯だけ残してしまう時期があります。そこでお弁当箱に盛り付けてみました。ご飯はおかずとおかずの間に置いてみました。こうしたら全部食べてもらえました。

食事を詰め込んでしまうことで誤嚥や窒息の可能性が高くなります。
そのような方は食物形態を変えることも一つですが，一口の量を変えるのも一つです。
懐石料理のように器を変え，タイミングよく出すことで危険を減らすことができます。
また家族で食事を楽しんでみるのも一つです。

Q2
咀嚼（咬むこと）にも嚥下（飲みこむこと）にもとても手間取っています。どうしたら少しは速めることができますか？

私が苛立ってきて，せかせると妻はさらにまごついたり，逆に苛立ったりします。そこで私は一緒に食事をすることにしました。妻に食べさせながら，そのスピードと所要時間に応じてペースを合わせながら私も食事をします。これで結構うまくゆきます。

まずは咬む，飲みこむ機能に異常はないでしょうか？口腔内の異常（歯の不具合，口内炎，口腔内潰瘍，乾燥など）や体調不良や仮性球マヒや錐体外路症状などがあるとこのような機能に支障を生じます。そのような可能性が考えられる場合には，主治医や理学療法士などにまずはご相談下さい。

Q3
朝食を食べてまもなく，「朝食はまだか？」と言います。「食べたでしょ！」と言うと，「馬鹿な，早く持って来い」と怒鳴ります。どうしたらよいでしょうか。

●ポイント●
少し時間が経つと，食べたという事実をご本人がまったく覚えておられないことがあります。また，満腹感がなくなっているのかもしれません。ご本人にとっての事実，「まだ食べていない」と，ご家族の事実，「さっき食べたじゃないの」，がまったく食い違ってくるわけです。ご本人の気持ちは，「朝から何も食べていない。お腹がすいた。悲しい。情けない。食べさせ

てくれなんて言うのも惨めだ。ひどい家族だ（怒り）。食べたなんてうそを言っている。生きていても何の楽しみもない」など，心は穏やかではありません。一方，ご家族の気持ちは，「なんて食い意地が張っているのかしら。それともいやがらせかしら。よそでも言いふらしたりして世間体が悪い」など，認知症のせいだとわかっていてもやはり腹が立ってしまいます。

でもクールに次の要因を思い出して下さい。
- 記憶障害が基本にあるのは間違いないでしょう。認知症が進んでくるほど，この要因が大きくなってきます。
- いわゆる満腹中枢の障害。健康なら食べたのを忘れても，満腹感はあるはず。これが壊れているからまた食べたいとなるものと思って下さい。

食事を連想させる場所から離れて，過ごされてはいかがでしょう。食物やそれを連想させる茶碗や箸もいけません，隠してしまいましょう。「もう終わり」とモードを変えるために別室に案内するのも効果的です。

ちょっとしたおやつ，小さなおにぎりか煎餅2枚を出します。その上で『今，作っていますよ』と応じて忘れてくれるのを待ちます。こんにゃくのゼリーはカロリーが少なくて，適度にお腹も膨れていいそうです。

サイドメモ

蒟蒻畑は1個 26kcal で，カロリーがまったくのゼロではありません（クラッシュタイプのゼリーは 70kcal）。

また，カップ入りの蒟蒻畑は，商品の特質上，弾力があるので飲み込みの悪い方には，誤嚥などの事故にご注意ください。

つい「食べたって言ってるでしょう！」と大声で怒鳴り返したくなりますが、そこはやんわりと「すいませんが、お昼を豪勢にしますから、今は紅茶とクッキーでお願いします」「すぐに準備するから、バナナでも食べていてね」と応じてみる。少し機嫌が直ったら、一緒に家事を手伝ってもらうとか役割を作ってあげましょう。

食べた後の食器を見せたり、食べているときの映像を見せたりしたくもなりますが、それではむしろ感情を害してしまいます。そこで大き目のカレンダーを利用して食事をした印をつけていくことは一時的に有効かもしれません。

毎度のことなのに、ついカッときて「さっき食べたばかりでしょ！」と怒鳴りたくなりますよね。そう、毎度のことなのですからいろいろ作戦を立てて対応しましょう。

一般論として暇になると食事のことを考えたりしがちなので、何か集中できるものを探しましょう。

具体的には、「急いで作りますから」と何か軽いものを食べて待ってもらう。あるいは、一緒に食事の用意をしてもらいましょう。食べた後に日記をつけてみるのもいいかもしれません。

ショートショート：男の料理

インターネットをされる方にはこのページはありがたいものでしょう。Yahoo グルメと入れてください。画面がでたら「レシピ情報」をクリックします。そして「肉じゃが」が作りたかったらこれを入れます。すると何段階かの写真つきで解説文がでてきます。ご主人がこれを参考に指示・進行係り、奥様が手を動かす係という役割分担で一度お試しください。

1. 材料を切る
- 牛肉→食べやすい大きさ
- 玉ねぎ→5mm幅のくし型
- ジャガイモ→皮をむいて一口大

4. 材料を投入
- 牛肉、水けを切ったしらたきとジャガイモを加え、全体に油が回るように炒め合わせる。

2. しらたきを茹でる
- しらたき→3分茹でてアクをとり、ざく切りに。

5. 味を調える
- 牛肉の色が変わったら、ひたひたまで水を加え、最初は砂糖・清酒・みりん・しょう油を大さじ2ずつ加え調味する。すぐふたをし、火加減は煮立つまで強火、煮立ったら少し火を弱めてアクをすくいとる。

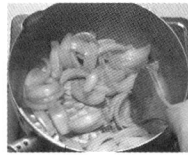
3. 玉ねぎを炒める
- サラダ油を熱し、玉ねぎを少し透明にしんなりするまで中火強の火加減で炒める。

6. 煮込む
- 煮汁が半量になったらさらに砂糖としょう油を大さじ1ずつ加え、再びふたをして煮、煮汁が1/3量になったら鍋返しをする。ほとんど煮汁がなくなったら少し火を強めてつやをだし、仕上げにグリンピースを混ぜ込んでできあがり。

ホームページの肉じゃが調理法 (Yahooグルメ「肉じゃが」)
(http://recipe.gourmet.yahoo.co.jp/T001001 2009.9.19)

満足感を得るために，小分けして出してみてはどうでしょうか。適度にお腹が膨れるように水分も少しずつ飲んでいただく方がよいでしょう。食事を連想しないよう，普段は別の部屋で過ごすことも一案です。

Q4 食事の時，汁物（みそ汁，お茶）をよくこぼします。これを防ぐにはどのようにしたらよいでしょうか。

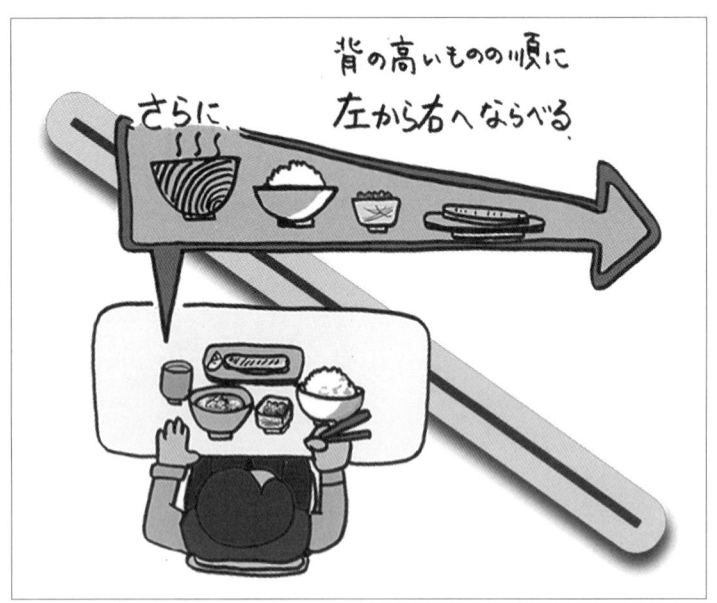

うちでは本人の前に並べる食器は，イラストのように左から右に向かって高いものから低いものへと順に置いています。

右利きの人なら一般的に，左側にご飯，右側に汁物を置くと思います。ところが，おかず類を取ろうとするとき，右手を使うので汁物にさわってこぼしてしまいがちです。そこで右利きの人なら左側に汁物，左ききの人なら右側に汁物を置くとこぼさずにすみます。認知症の人には汁物は右側に設置するという概念を取り払わなければなりません。

食器の工夫も大切でしょうね。底がしっかりしているもの，フタつきのものなど，現状に合わせて工夫をしてみて下さい。

Q5
パラゾールを飴と思って食べ，隣の家の花，ペットの猫の餌まで食べたりしました。どんなことに注意すればよいでしょう。

●ポイント●
- 認知症が進むと，食べられるものと，食べられないものとの区別がつかなくなる方もたくさんおられます。
- 食べられないものを食べる異食は脳障害の進行からきます。
- 寂しさを紛らわすために，いつも何かを口に入れていたいという気持ちの表れのように思われることもあります。
- 日頃から未然に防ぐ方法を検討しておきたいものです。

異食への基本対応は，前科がある品物（これまで口にされたことがあるもの）は全て隠すこと。うちの場合，大本に食欲亢進があると思います。食物がある場所はもとより，ヒントになる茶碗や箸もいけないと思われるので隠します。

注意を要するものには，ティシュペーパー，脱脂綿，タバコ，ベンジンなど薬品，洗剤，消しゴム，化粧品など，またしょう油や食品でも多く摂りすぎると体に悪いものがあります。ほかにヨーグルトと間違えて化粧クリーム，飴玉と思ってビー玉，ジュースと間違えて洗剤を飲むこともあるそうです。植物に関しては，日本ではトリカブト，すずらんが要注意。危険そうなものは，手の届かないところへ片づけるまたは鍵付きの棚に入れることです。またリハビリの食事動作の練習に際しても同じようなことが起こりやすいという話も聞きます。つまり食を連想させるような状況が異食を誘発するようですから，この点にも留意しましょう。

傾向をよく観察して，危険なものは目の触れないところにしまい，目のつくところにちょっとしたおやつを用意してみるのも一案かと思います。

認知症がある程度以上に進むと，石鹸，パラゾール（防虫剤），タバコ，洗剤，化粧品などと思いもよらないものを，しかも大量に食べてしまうことがあります。応急処置としては，パラゾールの場合は水を飲ませます（この場合は牛乳を飲ませてはいけません）。石鹸の場合は少量なら牛乳や卵白を摂らせます。タバコの場合は，それが水に浸かっていたのなら少量でもすぐ受診すべきです。

　まずは中毒110番を利用しましょう。また大量摂取時は必ず受診しましょう。

> ●ポイント●
>
> (財)日本中毒情報センター
> 大阪中毒110番：072-727-2499
> 　（365日，24時間対応）
> つくば中毒110番：029-852-9999
> 　（365日，9時〜21時対応）
> タバコ専用電話：072-726-9922
> 　（365日，24時間対応，テープによる情報提供）
>
> ※いずれも情報提供料無料，通話料のみ
> ● 中毒原因物質の特定は重要ですのでできれば商品等を手元にお持ちの上，お電話下さい。下記項目などをお尋ねいたします。
> 　● 患者の氏名，年齢，体重，性別
> 　● 連絡者と患者との関係，連絡者の電話番号
> 　● 中毒原因物質（正確な商品名，会社名，用途）
> 　● 中毒事故の発生状況（摂取量，摂取経路，発生時刻）
> 　● 患者の状態

- 上記中毒110番連絡先を，電話のそばに貼っておくとよいでしょう。
- 中毒110番ホームページ上で，中毒症状を引き起こす物質の情報提供をしています。予測されるものについて，検索しておくこともできます。

コラム

　私の失敗経験をお話します。食べられては困るものは一切しまいこんで口にいれさせないという努力をしました。するとかえって逆効果でした。冷蔵庫の中のものを片端から食べられてしまいました。完全にシャットアウトすることで，本人を漁り（あさり）に駆り立ててしまったという印象でした。そこで最近は，食べられてもいいお菓子などをわざとちょっとした場所に置いておきます。この方法にしてからは，「漁り（あさり）をやられた!!」と思うことは減っています。

(家族)

早食いという危険

　認知症の中に前頭側頭型認知症というタイプがあります。とくにこの病気の人などでは，早食いになってしまうことがあります。すると窒息や誤嚥の危険性が高まります。その対応法の1つに，小さなスプーンで食べてもらうことがあります。ティースプーンなどさらに小ぶりのものがいいでしょう。

Q6
ティッシュペーパーを丸めては口に詰め込んでいます。注意しても止める気配はありません。のどに詰まったときには，どうしたらよいでしょうか。

　このような紙類，またラップ，アルミ箔，土などの異物，また，わかめ，のり，パン，こんにゃくなどは，窒息の危険があります。のどに詰まった場合は直ちに救急車を呼び，すぐ次の応急処置にかかりましょう。
①指をつっこんで掻き出します。かまれないよう指にガーゼを巻き

ます。割り箸にガーゼを巻いたものでかまいません。
②吸引をします。吸引器がない場合は，掃除機を利用します。掃除機に直接接続できる吸引ノズルもあります。（参考：IMGレス・キューイン 3,500 円程度）
③それでもだめなら，意識があることを確認して，背部殴打法やイラストのようなハイムリック法を行います。

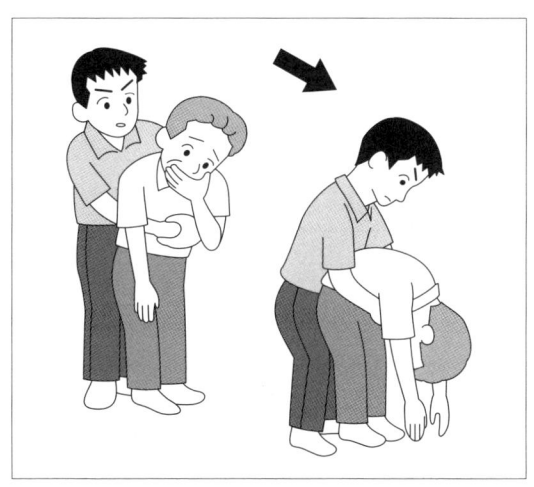

ハイムリック法
喉につまっているものを吐き出させようとする方法。図のように上腹部を圧迫して，つまったものを吐き出させます。
（後ろから抱きかかえ，片手で握りこぶしを作り，みぞおちの下方にあてます。当てた握りこぶしをもう一方の手で握り，手前上方に向かって圧迫するように押し上げます。この動作をくり返します。）

〈長くなってもまあいいや〉

　最近母親が食事を食べようとしないことがあり，Aさんは困っています．Aさんが「食事だよ」と声を掛けても，窓辺で外を見ていますので，そばに行って声をかけました．
　「どうしたんだ？　食事だって言ってるだろう」「はいはい，わかったから．ちょっと外が気になって…」
　お母さんは，腕を取ろうとしたAさんを振り払います．
　「早く食べないと冷めるだろう．いいから，こっちに来て」
　強引に引っ張ろうとすると，お母さんもますます表情が険しくなります．どうにか食卓まで連れて来たのですが，今度は並べられた食事に手をつけようとしません．Aさんはさらにイライラしてきました．
　「早くご飯を食べて」「わかってますよ，そんなに怒鳴らなくてもいいでしょう」
　Aさんの大きな声に，お母さんはますます興奮してしまいました．
　その日ヘルパーさんが訪れた時にはお母さんは不機嫌に窓の方を向いて座りこみ，Aさんも疲れ果てた表情です．ヘルパーさんが「洗濯物を干しましょうか」と洗濯かごを見せて庭に下りると，やがてお母さんも立ち上がりました．
　「いい天気ですね．今日は洗濯物がよく乾きそうですよ」「お花が綺麗に咲きましたね」
　ヘルパーさんが明るく話しかけるうちに，お母さんの表情も和らいできました．そしてヘルパーさんと一緒にゆっくりお茶を飲みました．
　Aさんが朝の様子を説明すると，ヘルパーさんは「大変でしたねえ．認知症の方は，気持ちが切り替えられないことがあります．そんな時に介護者があわててしまうと，お母さんはますます混乱してしまいます．いったん食事を下げて，時間を置いてみると案外スムーズに食べてくれるかもしれませんよ．多少食事の時間が長くなってもまあいいやと余裕を持つと，お母さ

んも落ち着くかもしれません」とアドバイスしました。
　朝の険しい表情が嘘のように笑顔を見せる母親を見て，Ａさんは真面目に介護しようとするあまり，スケジュールにこだわり過ぎていた自分に気づきました。

PART A 在宅の認知症の人への対応

2. 着 脱

Q1 朝の忙しい時間にパジャマから洋服の着替えに時間がかかります。そばに揃えておいた服を順番に出しても、「これでいいんだ」と言ってなかなか着替えてくれません。このような時，どうしたら私がイライラせずに着替えさせることができるでしょうか？

● ポイント ●
- 衣類の着脱の障害は認知症の経過において必ず起こってくる問題です。
- こうした症状は着衣失行と呼ばれることもあり，認知症では共通してみられる症状です。
- 最初はボタンの掛け違えですが，左右や裏表の誤りがでて，さらには着方そのものがわからなくなります。
- 介助する上では，すべて手伝うのではなく，最低限でも出来ることは本人にやってもらうことが大切です。

家族が朝起き，本人はまだ寝ている時に作業にかかります。本人のパジャマを脱がせて服を着せ，そのままの格好でまた寝てもらいます。そうすれば，もう服は着ているわけですから起きたときは朝食を取り洗顔するだけです。通常の時間に起きてから着替えをして食事してもらうという手順より時間がかかりません。

畳の上に下記の品物を順番に並べて準備をする。ブラジャー，ズボン，季節の上衣，チョッキ，そして靴下。
　次にパジャマを脱がせてから，着衣を促す。本人にとってパジャマの片付けは結構な時間を要するため，着衣後にゆっくりとやってもらう。ブラジャーは本来直接肌につけるものでしょうが，この際簡便な方法としてシャツの上から装着してもらうことです。

 前は時間がかかっても着替えは1人で出来ていたのですが，最近は洋服を渡しても，1人では着ることができなくなってしまいました。これからずっと着替えは介護しなければならないのでしょうか？

うちの父は，段々に着替えるということの意味がわからなくなり容易に着替えようとしなくなってきました。お互いにぶつぶつ文句を言いながら着替えをさせると，両方にストレスが溜まります。そこで私はぐずっているときは，1回だけ「活」を入れています。きれいごとで言うとピシッと叱って仕向けるということですが，もちろん私の心のガス抜きでもあります。これでタイミングよく着替えが始まることもあります。

どうも衣類のタイプによって，着方が楽なものと苦手なものとがあるようです。父の場合は，着慣れたものなら1人で着られることがあります。着衣ができなかったり，自分から着替えようとしなかったりする場合には，昔の制服とか仕事の作業服を出してきて着てもらうのも一法と思います。

着る順番を考えているうちに，まとまりがつかなくなってしまう場合があります。こういうときは，まずご本人にどういう順番で着ていきたいのかを尋ねます。何も聞かずにいきなりこちらのペースでやろうとすると，混乱させたり，怒らせたりするだけです。いったん順番が決まり，行動に移すと後はスイスイと出来ることも多いようです。途中でわからなくなって止まってしまったら，その都度，どうしたいのと尋ねたり，提案したりするといいでしょう。

手先の細かい動作が難しくて着られないこともあります。医療現場では，衣類をタイプ別に分類して，ボタンのあるシャツやチャックやフックのあるスラックスは難しいといわれます。これに対して，丸首のTシャツ・トレーナーやゴムの入ったジャージーはより簡単だといわれます。

　ボタンのあるシャツであれば，ボタンを大きく，留める数が少ない服に替えるのも1つです。それも難しいという方には，丸首シャツがよいでしょう。ズボンも同様で徐々に簡単なものへ移行していくことです。

〈洋服〉を〈洋服〉であると理解できていない，あるいは〈洋服〉であることはわかってもその着方がわからなくなっている場合もあります。また高齢であれば白内障などの視力障害もある場合には，衣服の認識が困難になってきます。

　何がポイントになるのか？　前後や左右の袖はどちらか？　羽織って着るタイプか，それともかぶって着るタイプなのかの区別です。無地のものや，全体にプリントや柄のあるものは判断が難しくなります。そのためワンポイントのプリントや刺繍など部分的に柄のついたものや，胸ポケットがあるとそれだけで前後左右が認識できま

す。また片方の袖口にだけ色や柄が部分的についているとよりわかりやすくなります。また生地の色合いも大切で，全体的に同じ色合いでは着るのが難しくなります。

単純で効果的な方法として，衣服を広げて手渡すこと，もしくは床に広げて置くことがあります。これだけで着られたという例もあります。

Q3 何枚もの衣服や寝具を重ね着してしまいます。このような時にはどうすればよろしいでしょうか。

●ポイント●

- なぜ認知症の人は重ね着されるのか，誰にも納得のゆく説明は難しいでしょうが，以下のようなことがいわれます。
- たくさん着込むと安心できる，防衛できると思っているのでしょうか？
- 着るという行為に固執して，一種の仕事になっているようなケースもあります。
- 脱がせても隙をみてすぐにまた重ね着をしてしまうのが普通です。

私が言っても駄目で，すぐに着込んでしまいます。デイケアのスタッフに忠告してもらうと素直に聞いて脱いでくれます。

母の場合，そこに服があるから着るという感じです。ですから，衣類はできるだけ本人の目に付かないところに隠しています。

私の好みで選んだ派手な服は脱いでしまいます。どうも何でも着込むのではなく，着たいものには好みがあるようです。ここを逆手にとって母の好きな衣類は隠しておいて，派手なものだけを残しました。これで重ね着の程度は軽くなっています。

大汗をかいているので，本人も暑いはずですが脱ぎません。私は本人に「暑い」と感じさせる工夫をしてみました。たとえば温かいお茶を勧める，散歩などの運動をさせるというものです。このあと脱ごうねと言うと，しばらくは脱いでくれることもあります。

どう仕向けても，暑い日でさえ重ね着は改まりません。あきらめて，環境から攻めました。しっかりクーラーをかけておけば，熱中症にはならないと考え直しました。またペットボトルももたせて水分補給に気をつけています。

常識的に「夜はパジャマ，日中は外出着」と考えるのを止めました。昼夜ともトレーナーとジャンバーで通しています。母は衣類の色へのこだわりがあるので，着がえのときは「じゃこっちの色にしようか？」と誘っています。夏は，上半身はTシャツで，ズボンのみトレーナーにしています。

この問題は，冬の場合と夏の場合と区別して対処しましょう。前者の場合はあまり問題とはならないでしょう。薄着よりは厚着の方がよいと考えられますから，冬の場合は重ね着しても実害は少ないと思われます。問題は，後者の場合です。熱中症になってしまう可能性があるからです。また，

あせもの発生も心配でしょう。そこで，①手の届く範囲に余分な衣服は置かない，手の届かない棚の上に上げておく。②薄い衣服を重ね着させて心理的に満足させる。③薄い衣服を重ね着させたら寝具を少なくする。④寝具を重ねたいという傾向がみられる場合には，薄いタオルケットを何枚か重ねさせて心理的に満足させるという方法で対応しています。

リセットするとうまくゆく

　家族で出かけようとしていた朝のことです。少し肌寒いかとＡさんに上着を着てもらおうとしたのですが，片袖を通したところで，Ａさんの動きがピタッと止まってしまいました。
　「こっちの袖も通して」「お父さん，早く着て」など，奥さんがいろいろ声をかけてもだめです。奥さんが，ほとほと困っていると，なかなか来ない2人の様子をみにきた息子さんは，混乱した2人をみて「無理して着なくてもいいじゃないか」と言ってＡさんの肩に片袖だけ通った上着を取り，ハンガーに戻しました。そうして，「じゃあ，お父さん出かけるよ」と言うと，Ａさんが「あー」と言ってハンガーから上着を取り，自分でさっと着たのです。息子さんも奥さんもびっくりして思わず笑ってしまいました。
　いつも出来ていることが出来なくなった時，1度初めからやり直す，リセットする方法を試してみましょう。

3. 入 浴

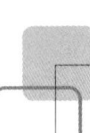

Q1 母はデイサービスが休みの時は、家で風呂に入れます。家族が誘っても、なかなか風呂に入ってくれません。たとえ入っても、洗ってないのに「もう、全部洗ったから出る」とか「シャンプーはすんだ」などと言って、私の言うことを聞いてくれません。どうしたらいいでしょうか？

●ポイント●
- 多くの認知症の方は、ある時から入浴を嫌うようになります。
- 風邪をひいて熱がある、さっき入ったからなどと言い訳をされます。
- 重ね着と反対に裸にされると恐怖心や不安感が強まるのかもしれません。
- 冬場は寒さも加わって、さらに嫌われるでしょう。

家族　まずお風呂への誘導です。「ケガをして手をのばせないから背中を洗って欲しいんだけど」と言って母にお願いすると、母はシブシブ風呂まで来てくれます。そこで「はい、今度は手を挙げて、手が終わったら足あげて、足が終われば、シャンプーだ」とラップのリズムで話します。乗りやすいリズムで楽しそうにやると何の抵抗もなく洗い終わってしまいます。

〈お風呂の時間〉

認知症の方は，夕方になると疲れてきて落ち着かなくなることが多いものです。午前中に汗をかいてもらいそのあと，お風呂を勧めるのも良い方法です。

母は入浴も嫌いですが，たとえお風呂に入っても頭にお湯をかけるのを極端に嫌い，シャンプーさせてくれません。どうしたらいいでしょう。

こういうときはシャンプーキャップを使えば楽々です。水やシャンプーが目や耳に入らなくなるので，本人の抵抗がずっと減ります。

妻はおしゃれで美容院が好きなので，そこをうまく利用しています。美容院で洗髪してもらう，あるいは「美容院でカットしてもらうから，まず洗髪しようよ」と誘っています。

私は手抜きをしています。「毎日やらねば」「週に3回は」などと考えると自分が疲れてきます。週2回のデイケアの入浴のときに，お願いしています。

デイサービスでの入浴のほうがいいかもしれません。しばらくは拒否が続くと思いますが，スタッフも多いので1日のうちに何度でも誘いかけのタイミングがあります。ご本人も慣れてこられて，馴染みの関係ができる頃には成功す

ることが多いものです。

Q3
ご家族はヘルパー介助による入浴介助を希望していますが、本人は「風呂なんて1人で入れる！」と断固拒否しています。どうしたらよいでしょうか。

ご本人は入浴について何らかのこだわりをお持ちなのかもしれません。たとえば長年の習慣で「しまい湯」でないと入れないのかもしれません。こうしたことをまずチェックしてみてください。

また入浴の雰囲気を変えるために、「温泉の素」で工夫したり、イスをシャワーチェアに変えたりしたことで入れるようになられた方もあります。

「お風呂に入る」という言葉に拒否感をもたれる場合もあります。このような方に、浴室から「こちらに来てください」「ここで着替えをしましょう」「中で洗いましょう」とひと動作ごと促しをすることでうまくいったケースもあります。

ヘルパーさんとの関係性も大きな要素です。「人前で裸になる」ということは恥ずかしいし、ゆっくりくつろげないし、本人にとっては大変なことです。ここを理解して、露出を避けて、ささっと誘導したいものです。

Q4 お風呂に上っても続けて同じものを着てしまいます。どうしたらいいでしょう？

●ポイント●
- 一度肌に着けたものに執着があるのでは？ という意見があります。
- 脱いだものとこれから着替えるものとの区別がつかない場合もあるでしょう。

家族 お風呂の時には，脱いだものは本人が浴槽に入ってから，見えないように洗濯機にいれてしまい，着替えだけを見えるところに出しておきます。着せたいものだけを見えるところに置いておくと効果的です。

家族 お風呂から出て，着換える時には何気なく見ています。順番を間違えたりしたら，すかさず「私が出した順番間違えちゃったね。ワッハッハ」と笑いながら言うと，母も笑って素直に着替えてくれます。

家族 お風呂などまず入ってくれませんから衣類の臭さも酷いもの。それでも少々言ったくらいでは，更衣はしてくれません。下腹部に向かってぐっと顔を近づけて「臭いねえ，おお臭い」と大げさに，また大声で嘆いてみせると，嫌な顔で「そんなに臭い？」と言ってしぶしぶ従うことがあります。

家族 お風呂の場面以外では，「新しいのを買ってきたから似合うかどうか着て見せて？」とお願いすると，気持ちよく着替えてくれます。また母は元々おしゃれな人な

ので，大げさに「これフランス製だよ」と言って勧めると，さらに効果的なことがあります。高齢者特有の石鹸も多く出ています。

〈風呂の浴槽の座イス〉

　ある程度認知症が進むと安定した姿勢で座っているのも難しくなってきます。とくに入浴中は，溺れてしまう危険性もあって怖い思いをします。そこでプラスチック製の小さなイス（浴槽に収まる程度の大きさ，「福祉用具購入」として介護保険内の適用が可）を買ってきて使っています。また，安定性のある（重さのある）専用のイスも売っています。　　　（家族）

PART A　在宅の認知症の人への対応

4．身だしなみ

Q1 昔は外見にも気を遣っていて，身なりも綺麗だったのですが，最近は最低限の身なりを整えようともしません。どうしたらよいでしょうか？

●ポイント●

- 身なりや身だしなみ（整容）に気を遣わなくなるということは，ご本人が整容の必要性を感じなくなっているということでしょうね。
- 整容は大きく慣習的なものと社会的なものに分けられます。
- 慣習とは習慣であり，癖です。社会的なものとは人目を気にするということです。この2点に注目して対応するとよいかもしれません。
- その上で，「いつも格好いいね」という一言が大きな意味をもつでしょう。

慣習的なもの，つまり誰かのために気を遣うのではなく，身についた習慣に注目します。まず家族が普段から声をかけることです。できないことを責めるのではなく，身なりや身だしなみを促し，できた時には大いにほめてあげることです。1人が言うのではなく家族，可能であればまわりの人を巻き込むのがいいでしょう。多くの人に言われたり，気にされたりすることで，整容が慣習的でなくなりつつある方にやる気を与えることができます。

日曜日には髭を剃らないという男性や，外出しない日には化粧をしないという女性は，少なからずおられると思います。つまり人は社会的な場面でなければあまり気を遣わないということです。逆に，社会的な場面では気を遣うということですからこれを利用します。

　ただ外出するだけでも効果は得られます。ポイントは，なるべく人がいるところ，話す相手がいる所に行くことです。まわりの人間が整った身なりをしていたりすると本人も影響を受けます。また身なりを整えて，そのことを他人から言われる（ほめられる）ことは気分がいいものです。それが繰り返されることで，徐々に習慣化されると思います。

コラム

　夫は距離感がわからなくなり，またものを投げるときのコントロールも悪くなりました。また目の前にあるのに，それがわからず探している様子もみられました。そこで私は，このような不自由を良くするために「タッチ体操」と名づけた体操でリハビリを考えました。

　本人には両脚を広げて立ってもらい，私はその正面50cmくらいのところに同じ姿勢で立ちます。そして私が，たとえば右の手を，横，斜め上下，真上方向へとまっすぐ伸ばします。そのとき夫には，「伸ばした私の手のひらを目掛けて左手でタッチしてね」と言います。左右を変えながらこのような運動を繰り返すことで，反射的に視線を向けたり，見つけ出したりする訓練をしました。

（家族）

PART A　在宅の認知症の人への対応

5. 衛　生

Q1 歯磨きをさせようとしても，やる気がないし，最近では歯磨きのしかたを忘れてしまったようです。どうしたらいいでしょうか？

家族　母は歯磨きや洗顔もしなくなりました。いろいろ試みた結果，今はほめて，ほめて，ほめまくって，いい気分にさせ，洗面所へ連れて行くようにしています。こうすると自分から歯磨きや洗顔をするようになります。基本はご本人を気持ちよくしてあげることです。認知症のご本人でなくても，ほめられれば，やる気が出てくると思います。

家族　夫の歯磨きには苦労しました。当初は，①歯茎を傷めない程度の柔らかい歯ブラシを用意して，②ぬるま湯に歯槽膿漏用の液体ハミガキを少々準備して対応しました。そのうち磨きが足りなくなり，歯磨きの行為ができなくなってからは，ぬるま湯に液体ハミガキや口内洗浄液を加えてうがいをさせました。

Q2 うがいをする時，嫌がり1，2回程度しかしません。これでは効果がないのでもっと丁寧にうがいをさせるにはどうしたらいいでしょう。

家族 どこの家でも天井にはシミがあると思います。天井を向かせて家族がシミの数を数えるのに「1, 2, 3, 4, 5, 6」と合わせて，本人にも数えさせながらうがいをさせます。この方法だと，シミの数に集中して本人も嫌がらず，何回もうがいをするようになります。

病院 うがいができなくなったとき，殺菌作用のあるお茶をふくんでもらうこともあります。

天井のシミを数えながらうがいをしてみる

〈男性介護者へのアドバイス〉

化粧のしかた

どうせ散歩程度の外出だからノーメークで行ってもと思いがちでしょうが，染めた白髪の根元がはだけただけでも気になるのが女性，ここは女性の身になってお手伝いをしてあげましょう。

- 洗顔させる。
- 500円ほどの大きさの化粧水を掌に落として肌を引き締めさせる。
- 乳液を大豆2個分程掌に落とし，まんべんなく顔に塗らせる。
- パフで顔一面を叩かせる。
- 歯磨きをさせる（入れ歯の手入れをさせる）。
- 口紅は，外出直前になってから引かせる。
- 寝る前に市販のメイク落としを使ってお顔のふき取りをさせる。

（家族）

〈着方がわからなくなってきた〉

最初は，着る順番や前後がわからなくなってきました。そこで，左から右に向かって着てゆく順番に服を並べてみました。これでしばらくはうまくいっていましたが，最近，これは上半身に身につけるものなのか，下半身に着けるものか区別できなくなってきました。また順番も無視して，好きな色のものだけを選んであとは無視です。

そこで最近は，1つ1つ手渡して着てもらっています。そのときはまず衣類を広げて全体の形を理解してもらいます。そうしないとそれぞれの衣類に対して，自分の手足をどうもってゆけばいいのかわからないようです。

（家族）

6. 買い物・外出

Q1 買い物に行くと見た物を何でもカゴに入れてしまい，困ります。家に帰って買った物を見せてあげると「そんな物は欲しくない」と言って見向きもしません。本当は買い物に連れて行かなければよいのですが，それでは可哀想と思い，本人の気分転換にもなるのでつい，一緒に行ってしまいます。本人の気持ちも尊重しつつ，無駄な買い物をしないようにするにはどうしたらよいのでしょうか？

家族 これはそれほど悩む問題ではありません。認知症なので本人はすぐ忘れてしまいますからカゴに入れた物を1つずつ元の場所に返してくればよいでしょう。カゴには1つだけ残しておけば大丈夫です。本人は品物にさわった時だけが，欲しい時なのですから。

何でも欲しくなる私

買い物に連れ立って本人が一番好きな品物のコーナーに誘います。買い物カゴを持たせて一応好きなものを何点か入れさせて，一応の満足をさせる。不必用品は「家に買ってあるよ」と優しく言い聞かせてもとの位置に戻してもらう。

〈花〉

　花や葉っぱにとても興味を持つようになったのは「認知症」と診断された頃である。それまでは，ひたすら買物一筋。近くのスーパーへ1日最低でも3回は行っては，「見切品」をせっせと貯蔵していた。やがて，買物依存症は徐々におさまってはきたが，次に収集意欲を燃えさせたのは花と葉っぱであった。シルバーカーに裁ちバサミを忍ばせ，「ハイカイ」先の他人の庭に入って行って，見事なボタンや百合の花，サツキ，椿に菊をチョン切ってきては自分の居間に飾るのを日課とするようになった。たしなめても一向に悪びれた様子もなく，「道に生えてるのもダメなの？」と首をかしげるばかり。他人が育てているという感覚，判断が欠如してしまったようだ。近所のプランターの草花もその調子で盗ってきてしまい，何度も同じ家に謝りに現在も行っている有様。たしなめても怒っても一向にやまず，盗ってきた花をテーブルの前に並べ，手を叩いたが結局すぐ忘れてしまい，効果はなかった。今は出来るだけ自宅の片隅に咲く草花や出先で得た花を渡し，活躍しないようにセーブさせるのがやっとである。涼しくなったら「専用のミニ・ガーデン」を作らねばと考えている。

コラム

　都市部の雑踏を一緒に歩くときは，夫を見失わないためにはかなり注意力が要ります。それでも見失ってしまったことがあり，以来赤い背負いカバンを持たせることにしました。これなら雑踏のなかでも凄く目立つので見失うことはまずありません。

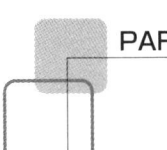

PART A　在宅の認知症の人への対応

7. 安全・火の元

Q1 85歳になった母は同じ敷地の別棟に1人で暮らしていますが、最近だいぶもの忘れが進んできました。焦げた鍋があったり、仏壇にマッチの燃えさしが落ちていたりするのをよく目にします。火事が心配ですので、アドバイスをお願いします。

●ポイント●

言うまでもなく火事はとても怖いことで、命にかかわります。それだけに火の始末がきちんとできないと、ご近所の方も不安を抱えることになります。住み慣れた土地でご近所から温かく見守られながら生活するには、火災をどうしたら予防できるのかをしっかり考えなければなりません。

高齢者の場合、出火の原因はお仏壇のロウソクやお線香、タバコそして調理などが考えられます。意外に見落とされがちなものに、長年のほこりが積もったタコ足の配線のコンセントがあります。一度点検してみてください。

ケア　私はお仏壇まわりについて回答します。ご本人がお仏壇にお参りする時間が決まっているのなら、その時間には家族が見守りすることができますね。その上で一緒にお参りして食事など次の行動に誘導すれば生活習慣として定着しやすいかもしれません。

また普段は、本人の目に付くところにマッチやライターを置かな

い，線香台の下に燃えにくいマットを敷く，ロウソクはランプ型に変えてみるといったことが求められます。またお仏壇を家族の目の届くところに移動するのも一案です。

　ケア タバコはやめていただくのが1番ですが，なかなか難しいですね。無理に取り上げると，タバコを探して徘徊……と悪循環に陥る場合もあります。近隣の人やお店に訳を話して，タバコを売ったり，分けてあげたりしないようにお願いしたというケースもあります。どうしても禁煙できなければ，大きめの灰皿に水を入れておくとか，難燃性の衣類や寝具を使う方法でも，多少の安全効果は期待できるでしょう。あるいは煙を検知する器具を設置して喫煙にご家族が気づいて，その上で喫煙を見守るということもできますね。

　ご家族でタバコを吸う人がおられると，ご本人も吸いたくなります。できるだけ本人の前で吸わないことも大事です。

　ケア 調理に関して申し上げます。長年主婦として活躍してきた女性は，認知症になってもしばらくは台所仕事がそう苦労なくできます。しかしいくつも鍋を焦がしたりする

サイドメモ ✏️

市町村の窓口などで交付されるサービス：それぞれの市町村により異なりますが，品川区，大田区，世田谷区等では住宅用火災警報器の設置助成があります。ただし，各市町村で給付条件等は異なっているのでまずはお近くの市町村窓口や地域包括支援センター（在宅介護支援センター）等にご相談下さい。

のに気づくようになったら，まわりの人はすぐに禁止したくなるものです。でもそのことは，お母さんの楽しみや生甲斐を奪ってしまうかもしれません。

　電磁調理器に切り替えるとか，安全センサー付のコンロに変えてみるのもよい方法です。また袖がヒラヒラした洋服に火がついて燃え上がること（着衣着火）があります。防火素材のエプロンや割烹着などを利用するのもいいでしょう。プレゼントとして差し上げれば，受け入れやすいでしょうし導入も簡単です。防炎グッズもインターネットや通販で探すといろいろと見つかります。火災報知機が義務化されたことに伴い，各自治体で助成金が出たりします。お近くの行政窓口へご相談してみることをお勧めします。

サイドメモ

電磁調理器の利用：電磁調理器（IHクッキングヒーターなどの名称もある）の原理は磁力線の働きで鍋自体を発熱させるので，火を使うガスコンロなどとは違って立ち消えや消し忘れ，不完全燃焼などの事故の心配はありません。

　また衣類に火が着く（着衣着火）危険もありません。自治体によっては，『火災安全システム』の一環として高齢者の世帯に電磁調理器を給付する福祉サービスがあります。しかし，いくら火を使わないといっても少量の油で揚げ物をすると発火の可能性もありますから，電磁調理器がまったく危険性のないものとは言い切れません。使用上の注意を確認してください。また認知症の進行によって使いこなせなくなる場合があります。介護する人はその時期を見極めて次の対応を考えることも大切です。

調理についてもう1つ。あなたがお留守の時間帯に火を使わせない工夫として，配食サービスやヘルパーサービスの利用もあります。元々料理好きの人でさえも，「お弁当は楽だしおいしいわ」とまわりの人の予想に反して喜ばれる方も少なからずありますのでお試しください。

とくに老老介護とか1人暮らしの方の中には，動くが面倒だから，座って手の届くところにいろいろなものを置いて生活する方も少なくありません。たとえばこたつの上に電熱器を置いて，スイッチを入れっぱなしにしている人もおられます。ことに腰や足に痛みがあったりすれば，なるべく動きたくない気持ちもよくわかります。

湯沸しポットくらいならともかく，コタツの上の電熱器は近くのティッシュや新聞紙に燃え移る危険があります。こうした方では，火を使わない電磁調理器に変えたらいかがでしょうか。

PART A　在宅の認知症の人への対応

8. 運転・免許

Q1 舅は認知症が進んでいるにもかかわらず運転が大好きで，どこに行くにも車ででかけたがります。運転も危なっかしい上に駐車や車庫入れがとても下手で，車のボディのあちこちに傷があります。なんとか運転をあきらめさせたいのですが？

● ポイント ●
- 地域によっては車は生活の必需品です。
- 運転は人類が生み出したおもちゃの中で一番面白いものとも言われます。とくに男性では認知症が進んでもこの方のように運転が好きで絶対に止めようとしない方も珍しくありません。
- しかし認知症になると，運転技術も衰えますし，交通標識や信号の意味がわからなくなってしまうこともあり，とても危険です。
- 認知症の方の運転についての新たな規則が最近定められ，その運転を規制する方向にあります。

家族　うちでは，最初に本人に止めるように説得しても聞き入れないので，警察に免許を返しに行きました。でも受け取ってもらえませんでした。次にキーを隠しましたが，「ないない」と大騒ぎでかえって煩わしさが増しました。そこで私がバッテリーを外したところ，数日は「おかしい，おかしい」と大騒ぎをしましたが，その後で修理屋さんを呼んでしまいました。

仕方がないので本人には黙って廃車の手続きをして，本人には盗まれたようだと説明しました．怒り狂って探し回ったり，警察に届けにも行きました．

こうしているうちに，自転車には上手に乗れるところから，これを勧めたところ，しぶしぶながら乗るようになりました．最近ではようやく車，車と言わなくなりました．最初に警察に行ってから，1年半が経っています．

家族 父は自家用車に限らず，スピードの速い乗り物が好きです．運転もスピード運転でした．見るからに危なげに軽トラックの運転をするようになった頃に，免許証を隠して，「今の日本では80歳の誕生日を過ぎると運転してはいけないのだ」と説明して運転させないようにしました．一応納得したかのようでしたが，すぐに説明を忘れてしまうので，免許を不携帯のまま平気で運転をしていました．

そこで電動自転車を買ってあげました．そんなにスピードは出ませんが，普通に自転車をこぐのよりは早いし，とくに坂道では威力を発揮します．「こんなもの」と最初は馬鹿にしていましたが，最近では結構重宝がっています．またうちは農家なので，農閑期には田んぼでときに夫が助手席で監視しながらトラクターを運転させています．これもとても楽しそうにやっています．今でもときに思い出して口にしますが，一時のように車，車と言わなくなりました．

家族 いろいろやってみましたが，これという方法はありませんでした．少しはよかったのは，担当の先生にお願いして「山田太郎さんは，高齢になり運転が危なくなったのでもう乗ってはいけません．主治医：鈴木一郎より」と一筆書いてもらった書類です．本人にもこの書類の下の方に，「承知し

ました。山田太郎，平成21年5月2日」と書かせました。それ以来，本人が乗りたがるのを止めさせるために，この書類を持ち出すことがあります。

> 高齢者の交通事故は毎年増加しています。認知症の方の運転は，ご家族にとって気が気ではありません。どうしても運転をやめさせることができず，奥さんが同乗することを条件に運転を認めているという方もありました。ご本人が怒ることも覚悟の上で，車を処分したという方もありました。
>
> 都会では電車やバスに切り替えることができますが，交通機関が乏しい地域では，車がないと生活できません。ご本人の気持ちも尊重したいところですが，やはり交通事故は未然に防ぐべきでしょう。元気で長生きした挙句，交通事故で人生に傷をつければなんとも切なく，辛いですね。認知症とわかったらタイミングをみて早めに免許返納を促すことが周囲に求められます。

サイドメモ

高齢者の方にとっては，「運転ができること」が1つのステータスであり，社会との唯一の接点であることも多いだけに，容易に運転免許証を手放せないものです。定年で仕事を，75歳になって免許証を取り上げられ，次第にできることが少なくなっていく高齢者の自尊心の喪失感はいかばかりかと思います。しかし，高齢者の運転が事故につながりやすいこと，他者を巻き込む可能性があることについては納得してもらう必要があります。2009年からは75歳以上の方への認知機能検査も始まりました。東京品川区では，自運転免許証を返納したとき，免許証と同じ大きさの運転経歴証明証と5千円相当のタクシー券・商品券，万歩計などを支給してくれるそうです。

サイドメモ

高齢者における新たな免許更新制度のポイントは次の通りです。

1）認知機能テスト

　75歳以上の運転者は，運転免許の更新に際して，新たに定められた認知機能検査を受ける必要があります。この検査で，「認知症の恐れがある」と判定され，しかも過去1年以内に基準行為と呼ばれる違反（信号無視，一時不停止，踏み切り不停止など）をしていた場合には，公安員会が指定する専門医への受診（臨時適性検査）を命じられます。

　臨時適性検査は，認知症であるか否かを医師が診断するものです。この結果やその他の資料等を参考にして，最終的に公安委員会が免許更新の可否を決定します。

2）実車指導

　今のご自分の運転技能を自覚してもらうために実車指導が行われます。これはご本人の記憶力と判断力のレベルに応じて3段階に分けて実施されます。運動機能と記憶力・判断力に関する課題で評価されます。前者では方向変換や見通しの悪い交差点での動作が評価されます。後者では，以下の4つの課題について評価されます。「信号機のある交差点」，「一時停止標識のある交差点」，「進路変更」，「カーブ走行」です。

　いずれにしても，新制度は認知症とわかったらただちに免許停止というものではありません。

PART A　在宅の認知症の人への対応

9. 1人にしておける？

Q1 私が留守中に訪問者があるとさまざまな問題が起こります。まず宅急便ですが、受け取ってもそれをどこかにしまいこんでしまうと運よく発見されない限り気づきません。どうしたらいいものでしょうか？

Q2 友人より電話があり、1週間以上前に宅急便で送ったのに、到着したという電話がないので心配になったということでした。家には宅急便は届いてないので心配になり、宅急便の集配所へ問い合わせてみると、すでに配達してサインももらってありますと言われました。品物はどこを捜してもないし、母に聞いても全然知らないと言い、しつこく尋ねると怒り出してしまいました。私も冷静になり、家のどこかにあるはずと思い直して捜し続けると下駄箱の中に入っていました。母の仕業です。これから宅急便などの配達の時にはどうしたらよいのでしょうか？

●ポイント●

　どれくらいの時間、当事者を1人にしておけるかによって、認知症の重症度がわかるともいわれています。1人にしておくことで、徘徊、火の元、押し売りやお届け物への対応など多くの問題が起こりがちです。この問題についても「備えあれば憂いなし」であらかじめの対応が基本になります。

認知症の初期の頃は，まだ，サインなどはできるのでこういう出来事は家族が目を離したほんの一瞬におきることだと思います。これからは，送ってくれる人たちには，わけを話し時間の指定をお願いしてみて下さい。家族がいる夜7時過ぎの配達になるようにしてみてはいかがでしょうか。通販などで購入する時もすべて時間や曜日等を指定してみて下さい。

Q3

私が洗濯干しをしている10分くらいの間，母を1人にしておいたのですが，戻ってみたら玄関に野菜が置いてありました。母に聞いても誰が持ってきてくれたのかわからないので，親しくしている方々に電話をしてまわりました。そしてやっと誰が持ってきてくれたのかわかりました。記憶のない母に頼むのも無理だし，こういう時，どんな対策をとればよいのでしょうか。

本当に難しいですね。本人は記憶がないので「誰が来た」というメッセージを伝えることはできないでしょう。普段から家族が親しくしている人たちには，お母さんの病気のことを話して理解していただき，お母さん1人の時，何か置いていかれた時は，後で連絡をしていただくようにお願いするのが1番よい方法でしょう。

わからなかった場合には，あなたがなさったようにこちらから電話をかけ誰が持ってきてくれたか確かめてみる必要もあるでしょう。

Q4 不要なものを売るつけにくる販売員に対して，購入契約をしてしまいました。これからは，どうしたらいいものでしょうか？

家族 外からの訪問者があっても，当事者が対応に出て，ドアを開けて招き入れないようにする必要があります。うちはドアを2重施錠にしているので母はドアを開けられません。ドア越しにしか会話できませんから，何かセールスされても，契約に至ることはなくなりました。

家族 夫は56歳でアルツハイマー病と診断されていますが，ちょっとした応対なら割と自然にできます。それだけに販売の人たちはどんどん営業してくるので，しばしば不必要なものを契約してしまいます。油断していると，私が家にいるのにやられたこともあります。

　そこで私が留守のときは，玄関も入り口のドアも外から施錠しています。来られてもインターフォンによる会話だから，余計なものを買わなくなりました。また一定期間内ならクーリングオフといって契約を無効にできる制度があることを学びました。

Q5 私が外出する際は，きちんと言って出るのに，日が暮れてから帰宅すると「何も言わないで，どこに行っていたの」などと責められます。どうしたらいいでしょう？

家族 半日程度の外出時には，まずスケジュール表を電話に貼っています。次に時々外出先から電話をしています。もっともその都度，同じ説明を繰り返す必要があります。

とくに夕方になると不安が高じるようなので早めに帰るように努めています。自分の声を繰り返し聞かせて安心させることが基本のようです。

家族 以前は私が外出するときは，スケジュール表を目立つところに貼っていました。でも最近はそれでは役立たなくなりました。そもそもその表があることに気付きませんし，たとえ気付いて読んだとしてもそれを正しく理解できているとは思えません。ですから，何時間かおきに電話を入れています。

Q6 買い物の途中で「疲れたから先に車の中で待っているよ」と言ったので車の中で待たせておいたのですが，買い物から戻ってくるといなくなっていました。
家族はパニックになり，捜し回りましたが，本人は車から遠く離れた所にいました。「車の中で待ってると言ったのにどうして出て行ったの」と問いつめたら「車の中に誰もいなくておいて行かれちゃったと思って捜していたのに」と本人もあわてた様子でした。自分から車で待っていると言ったのに，そんなことは覚えがないと言い張って聞きませんでした。どこまで認知症の人の言葉を信じてよいのでしょうか？

家族 家族は認知症ということがわかった時点ですべて本人の言っていることの真偽をチェックするつもりで聞くことが必要になります。記憶がないことが根本の病気ですから自分のとっている行動や言葉も憶えていません。その場，その場にあわせた会話はできても，誰と何を話したか憶えていません。夢

の中と過去と現実の区別がつかず，自分が1番幸せだった頃に戻り，過去の楽しい時間にタイムスリップしている時があります。そのことを回りの人たちにも理解してもらい，伝えなければならない用件などは家族に直接，伝えてもらうか，メモをはるなどの記憶の障害をおぎなう工夫が大切です。

Q7 デイサービスの迎えがくる1時間半の間，1人でいることができず，徘徊してしまいました。家族は，仕事に出掛けなければならないのでお迎えがくるまでの間，本人を1人にさせないためにはどうしたらよいでしょうか？

家族 家族が出勤する前にヘルパーさんに来てもらうとよいでしょう。少しの間でも1人にさせてはいけません。本人は誰もいなくなるとパニックになってしまいます。誰かそばにいると安心します。また，話をすることにより落ち着きます。デイサービスの車がくるまでの間は，ヘルパーさんのやり方におまかせして一緒に絵を描いたり，歌を歌ったり，お話をしたりしてもらえばいいと思います。他人の前では気を遣って話をしなければならないので緊張して，脳の活性にもつながると思います。

ショートショート：携帯のアラーム

私が仕事に出ている日中，夫は1人ですごします。どうしてもメリハリのない生活になってしまいがちなので考えました。携帯電話には好きな時刻にアラーム音を設定することができます。「首から目覚まし時計をぶら下げている」状態と思ってください。これを利用して，いつも決まった時間に散歩などする習慣作りに利用しています。

(家族)

PART A　在宅の認知症の人への対応

10．休日の過ごし方

Q1 デイサービスがない日には，何もやることがないと飽きてしまい，すぐ「家へ帰る，家では仕事があるんだから」と言い始めます．家族がどんなになだめても言うことをきかず手がつけられません．どのように過ごしたらよいのでしょうか？

ポイント

- 休日はデイケアのサービスが普段のように利用できません．
- 当事者を観察しながら家事をこなしてゆくための工夫が求められます．
- その場の思い付きでは十分な対応ができないものです．

　休日を飽きさせずに，徘徊させずに過ごすには，本人に何か仕事を与えればよいのですが，1日中できる仕事というのはそうありません．そこで私は，午前と午後の2つに分けました．午前は畑仕事や草取り，または時間稼ぎに料理，たとえば餃子作り，ケーキ作り等のお手伝いなどをさせ，体力を消耗させます．そして午後は本人の好きな作文読みをさせ，この時，5分おきぐらいに「じょうずだね，とてもうまいよ」とほめてあげると2時間以上はもちます．

　その後，早く風呂にいれます．すでに，午前中で体力を消耗していますから，すんなりと風呂に入ってくれます．風呂に入る時，小さい声，内緒話より小さい声で話します．そうすると不思議に，落

ち着いてきて，お互い穏やかな気分になれます。夕食も嫌がらずに食べ，安心して早く寝てくれます。このようにして1日が終わります。

コツは作業を午前と午後の2つに分けることです。午前は体力を消耗させる作業，午後はゆったりのんびりと本人の興味のあることをさせる作業にします。その上で早めに風呂に入り，寝かせるのです。そしてどんなときも，「ほめて，ほめて，ほめちぎる」ことです。

家族 私は次のように，やることをあらかじめリストアップしています。

①運動

日課としている散歩は，1周約50分程です。小学校，お寺，教会，田畑，小川，鉄道，民家，竹林，墓地，公園を包含した地域に私達は住んでいます。ですから，四季の変化の移り変わりが手に取るように見られるので，妻にとっては，1番の気分転換になっている様子です。

②縫いもの

きれい好きで几帳面な性格の妻にとって，セーターや化繊の衣服に付着している毛玉は，常に気になる存在。「古い衣服の毛玉を見つけて」と作業を依頼すると，時間も忘れて作業に没頭するようになりました。

③洗濯物の整理

干し上がった家族全員の洗濯物を，ひとまとめにして妻に渡すと，かなり時間は掛かりますが，個別に仕分けをしてくれます。

④興味を引くようなアルバムを準備する

想い出の写真を繰り返し見ては喜んでいる様子です。

⑤ビニール袋の整理

最初にしわを伸ばしたビニール袋10枚程度を用意して，最初の1枚を縦2つ折りにしてみせます。次に，連続2〜3回折にしたも

のを熨斗締めの形に作って見せると器用にたたむことが出来るようになりました。簡単にみえても20分位は掛かります。

⑥ボタン付け

　ボタン付けを依頼すると時間はけっこうかかりますが，一生懸命に取り組んで完成させることが出来ます。

⑦草むしり

　手ごろな広さの庭での草むしりは，以前，自ら好んでやっていた仕事のためか，毎回機嫌よく参加しています。

⑧好みのTV番組

　本人の1番好きな歌番組は，欠かさず見せてあげるように心掛けています。雰囲気のよいときは，一緒になって口ずさんでいます。

⑨野菜・果物の皮むきなど

　鞘豆の筋ひきや栗の皮むきなどはけっこう厄介な仕事で時間のかかるものですが興味も手伝ってこなしてくれます。

　家族　母は元々はきれい好きでも掃除好きでもありませんでしたが，認知症がかなり進んできた2年位前から変なこだわりを見せるようになりました。というのは，セーターや手袋など毛糸製品の表面についた毛糸玉が気になるらしく，異常なくらいに執着して，1つ1つ丁寧にとって畳の上に並べてゆくのです。

　当初は困っていましたが，途中からこれを逆手にとって，私が忙しいときはこれに没頭させるように仕向けました。たいていのことには集中できず，すぐに投げ出す最近の母ですが，これだけは2〜3時間集中して持続できます。時には，畳の上に並べた多くの毛糸だまを1つ1つ別の場所に置き換えてもらって時間稼ぎをすることもあります。ポイントは赤や，黄，ブルーなど，いくつかの異なった色の毛糸製品を並べて飽きさせないことにあるようです。

また塗り絵もお好みメニューなのでこれも適宜渡してやってもらいます。

PART A 在宅の認知症の人への対応

11. 睡眠と覚醒のリズム

Q1 80代の母と同居しています。夜8時ごろ寝ても夜中の12時ごろ起きだして，財布の中身を数えたり，洋服を出したり入れたりして明け方になってやっと眠ります。朝はなかなか起きずに，昼間はイスに座って，うつらうつらしています。家族は睡眠不足になっています。どうしたらいいでしょうか。

●ポイント●

- 高齢になると眠りが浅くなります。1,2時間ごとに目覚めるように断片的な睡眠パターンになりがちです。
- 時間感覚が悪くなって，朝と勘違いして電気をつけたり，トイレに行ったりされます。
- 多くの場合，本人は朝方から眠り，昼過ぎまで寝てしまうのでデイサービスやヘルパーサービスなど使えず，家族の負担が増すという悪循環になりがちです。

ケア この不規則な睡眠パターンがなおるまでの間，朝はヘルパーさんにお母さんを起こしに来てもらってもいいですね。他人だと案外抵抗なくスムーズに起床や着替えができるものです。その際，ご家族はヘルパーさんに気兼ねはせず，別室で寝ているなどして，気を遣わないことがコツだと思います。

ケア ご家族が一緒に部屋で寝てみてはどうでしょうか．しばらくすると1人で安眠できるようになった方があります．またショートステイの利用もお勧めします．ショートステイをきっかけに生活リズムが戻った方もありました．

ケア まだ利用されていないのなら，デイサービスなどに行ってもらったらいかがでしょうか．本人の活動量が増えますし，日光に当たることで，日中の生活リズムを取り戻せる可能性もあります．

Q2 母は，夜中に2階の長男である私の寝室に来ては「起きて」と起こします．「どうしたの？」と聞くと，「何でもない」と言っては階下の自分のベッドに帰っていきます．これが1晩に1回どころではなく，2～3回あると「いい加減にしろ」とこちらが怒りたくなります．どうしたらよいでしょうか．

ケア 1つには昼夜逆転のリズムが出来上がっている可能性があります．日光に当たるとこのリズム障害が戻るといわれていますので，日中のある時間帯に，運動や外出など取り入れてはいかがでしょうか．もっとも運動は午後の3時くらいまでに終えましょう．遅すぎるとかえって冴えてしまいます．その後で適切な時間帯に眠気をもたらすような入浴時間も探してみてください．

ケア お母さんはかまってほしいのかもしれませんし，お寂しいのかもしれません．実際，本人の部屋でしばらく相手をしているうちに，眠れるようになったという方があります．

　また空腹，トイレに行きたい，痒いなどの理由で，家族を起こそうとされるのかもしれません．温かい飲み物を用意したり，トイレに誘ったり，かゆみ止めの軟膏を塗るなどで落ち着かれることもあります．

ケア ときに身体の不調が原因でこのようなことが起こります．たとえば便秘になるとイライラが増し，落ち着かなくなったり，薬の副作用でソワソワ感が増したりすることもあります．排便の有無，食事，水分摂取や服薬の状況を確認して，おかしいなと思われたら主治医に相談してみましょう．

〈脚のむくみ〉

　うちでは女子の中学・高校生が履く木綿のハイソックスを利用してむくみを取っています．日中の活動時間に履いてもらうと夕方には結構とれてきます．　　　　　　　　　　（家族）

12. いたずら

Q1 目につく物を移動したり,冷蔵庫に灰皿を入れたりと,ありとあらゆる,いたずら(仮性作業とも言われます)をします。家族が何度言ってもすぐ忘れてしまい,すぐに同じことの繰り返しです。家族はどう接したらよいのでしょうか？

●ポイント●

- このような行動は概して女性にみられ,仮性作業と呼ばれることもあります。本人は一生懸命に仕事をしているつもりでも,まとまらず,場合によってははた迷惑になってしまうものです。
- やっている本人は家族のためにと思ってやっていることが多いようです。
- これを逆手にとって,古着などをたくさん渡してたたんでもらったり,整理して箪笥にしまってもらったりするという高度な対応もあります。

家族 強く否定して,やめさせようとしないこと。危険がないことであればあえてやめさせないで,好きなようにさせておくことも必要。

家族 基本は物忘れですから理屈でせめても無駄だと思います。同じいたずらを何回も何回もされると,どうしても我慢できずつい手が出てしまいます。こんな時,私

はそれをちょっと我慢して「あっはっは，あっはっは」と大笑いしながら「こんなことをしたら，だめだよ」と言うようにしています。笑いを入れると本人も笑顔になって笑いながら「あっはっは，そうか私は悪いことをしたのね」と言っていたずらをやめてくれます。本人は遊んでもらっているものと勘違いして楽しんでいます。

　怒りを直接表現しないで，無理に笑いを入れて，つり上がっていた目を柔和します。ギラギラと怒りに燃えた状態で無理に笑いを作るのも大変ですが，お互い爆発しない上に，本人には笑いが脳の刺激になるとも思います。

まず本人が興味を持って集中できるものやことを与えて落ち着かせます。母の場合は，自分のことを書いた文章（自分史）です。それを読ませて時間稼ぎをして風呂に誘います。不思議と何の抵抗もなしに，一緒に風呂に入ってくれます。風呂の中で「近所の人が聞いているので内緒話で話そうね」と言って，小さい声で会話をします。すると落ち着いてきて我がままを言わなくなるので不思議です。家族も本人も，風呂に入ることで気持ちの落ち着きを取り戻します。風呂から出てからも，内緒

お風呂での内緒話

話の小さい声で会話をして，おとなしくベッドに入ってくれます。
　これはいろいろな場面で応用が効くかもしれません。私の小さな声に応じて，母が小さい声で話し始めると，私もいつの間にか本当に落ち着くことができました。小さい声で話すということは，感情の起伏をおさえる作用を持っているのかもしれませんね。

家族　母は，和裁が好きなので針に糸を通して手渡し，雑巾を縫ってもらうと1時間くらいなら集中できるので助かります。また洗濯物をたくさん渡してたたんでもらうこともしています。

〈門扉の隙間 30 cm〉
　家に居る時は，玄関先のアコーディオン門扉を人が通れる程度に開けておかなければ気が済まない。市道に面しているので，開いていればセールスやら犬・猫やらが訪問してくる。入口には"セールスお断り"のステッカーを貼っているのだが，その手の連中はおかまいなし。
　それを承知しているから家人は閉めに行くのだが，それを見透かしたように段差のある玄関をものともせず30 cm開けに行く。足腰が悪いくせに，その時ばかりは五体満足のような行動を示す。これを日に何十回も繰り返す。母との攻防はいつも根負けとなり，最後にはこちらが音を上げることになる。逆に門扉を全開してみたが，左側だけ30 cmをキープして閉め直す。なぜか右は定位置で左だけにこだわる。「何で開けるんだ」と尋ねても答えはない。ヘルパーさんが来るためなのか，デイサービスの送迎車のためなのか今でもわからないが，結局今は自宅に居る時は表側から針金で二重三重に縛ってはずせないような厳重警戒シフトにせねばならない。

PART A　在宅の認知症の人への対応

13. 徘 徊

Q1 母親の徘徊行動が頻繁になり，家族一同苦労しています。最近は昼間だけでなく，夜間にも外出しようと言い張ります。家族が止めようとすると，怒って言うことを聞いてくれません。どうすれば少しでもよい方向に向けられるでしょうか。

● ポイント ●

- 認知症の方にみられるさまざまな行動異常や精神症状のなかでも徘徊は最も対応困難なものかもしれません。
- なぜ徘徊するのかの理由はわかりませんが，認知症のステージによってその理由はさまざまに異なると言われます。
- 単なる方向感覚の誤りから，すでに亡くなった両親や実家を訪れようとした結果が徘徊となるものもあります。進行すると全く目的は感じられず，歩き回ること自体が目的になっているとしかみえないこともあります。
- 夕暮れ時に「そわそわ」し始め，「家に帰ります」といって外に出ていく現象は「夕暮れ症候群」と呼ばれます。ご本人は，家族団らんの場や両親の待つ故郷を目指しておられるのかもしれません。
- 認知症の経過において，徘徊が活発な時期があります。こうした時期にはしばしば行方不明になって大騒ぎになりがちです。

徘徊が始まるとご家族は大変心配です。目を離したすきにい

なくなってしまうと思うと気が休まる時がありません。しかし徘徊するご本人にはどうも理由があるようです。たとえば「夕暮れ症候群」といって，夕暮れ時になるとそわそわしはじめ，「家に帰ります」と出かけて行こうとします。「夫の晩ご飯を作らなきゃ」，「お父さんやお母さんが心配するから」と言う方も多く，主婦だった頃や子どもだった頃に戻っているのかもしれません。

　居心地が悪くなってそわそわする場合もあります。その他，飲んでいる薬の副作用でじっとしていられないこともあります。痛みや不快感などの身体症状，トイレに行きたい，おなかがすいたなどの生理的要求をきちんと伝えられずに，徘徊として現れることもあります。

　多くの場合，すぐに徘徊を抑えることはできません。まず「安全な徘徊」ができるように対策を立てておくことが必要です。洋服に名前や連絡先を入れた名札をつける，GPS機能のついた携帯を本人に持たせておくと徘徊したときに助かります。また玄関や出入り口に赤外線センサーをつけておくと，介護者が気づいて徘徊を事前に防ぐことに役立ちます。外出を連想させる靴やバッグ，帽子などを目のつくところに置かないという発想も有効かもしれません。

　行けども行けども目的地にたどり着かないご本人の不安はいかばかりでしょう。目に見える物理的な「家」ではなく，ご本人にとっての心の中の「家」を一緒に探す気持ちの余裕が，介護する側にも必要ではないでしょうか。時間帯がある程度決まっていれば，こちらから誘って散歩してみることもよいでしょう。痛みや不快感など身体症状のサインかもしれないので，常日頃から表情やしぐさを観察しておきましょう。

　最近地域での取り組みもはじまりました。商店街や交通機関，

住民などが連携して，徘徊の連絡があった場合はネットワークを組んで情報を集める，ラジオ放送や市のホームページで捜索情報を提供し合う，居場所や方角の目印となる建物をマークし，捜索の模擬訓練や住民対象の認知症講座を開催するなどです。介護スタッフは，街で戸惑っている高齢者を見かけるとすぐに声をかけます。地域の人がみなそういう気持ちになれるといいですね。

家族 徘徊に上手に対応するのには，外出，ドライブ，散歩を毎日の生活に上手く組み込み，「徘徊をお散歩またはドライブに変えてしまう」ことが一番です。本人の「外に出たい」という要求をある程度満足させなければ徘徊問題はおさまらないでしょう。

家族 対策として，①簡易な門塀や柵を設けておく。②重厚な生垣を設けておく。③室内のドアに補助鍵を設置しておくことがあります。コンクリートブロックの門塀や金属製のフェンスを設置すると，コストもかかり火事の際に逃げ遅れや救助の妨げになる危険性も考えられます。そこで竹等を用いてインパクトドライバーなどの日曜大工用の工具を使用して，大人1人で壊せる程度の簡易な柵を取り付け，これで家を囲むのがよいと思います。また，植木を利用した生垣も有効かと思います。

家族 父は散歩と称して毎日出歩いてきました。ところが最近では方向感覚がかなり怪しくなってきて，先日はとうとう行方不明になりました。そこでGPSが便利と言われますのでうちでも使ってみました。以来，3回行方不明になりましたが，コンピューターの地図上で探してもらい，いずれもすぐ

に見つかっています．お値段も安く，本当に便利だと思います．

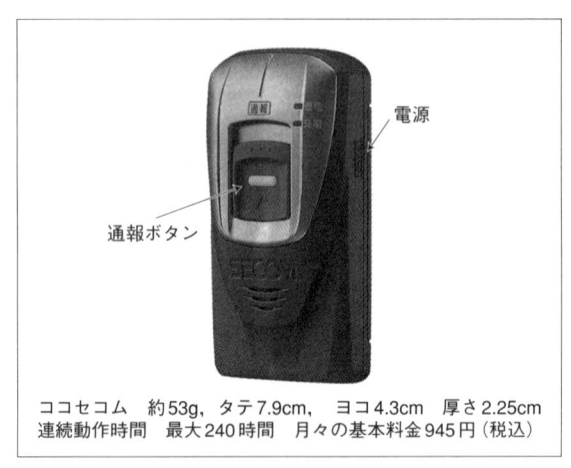

ココセコム　約53g，タテ7.9cm，ヨコ4.3cm　厚さ2.25cm
連続動作時間　最大240時間　月々の基本料金945円（税込）

徘徊対策のすぐれもの

> 【家族】我が家でも，大手警備会社の位置情報端末サービスを利用したことがありました．けれども，①大きさがコンパクトではないからか，本人が隠してしまう．②位置情報に誤差がありピンポイントには居場所がわからない等の理由により我が家ではあまり活躍しませんでした．このような端末を持たせて自由にさせておくより，出来るだけ自分の肉眼で管理した方が，後のことを考慮すれば，むしろ楽だと思います．

> 【家族】もしかすると，お母さんが外出しようとする背景には，お母さんにとって，何らかの原因によりお家の居心地が悪く，外の世界のほうが魅力的なのかもしれません．もしそうなら，対策として考えられることは，まずお家の居心地を快適にしてあげることです．快適にして上げるための工夫は家族で

相談してアイデアを出してみてください。居心地が少しずつよくなってくればお母さんの外出徘徊行動は少なくなるかもしれません。

ケア ひとまず一緒に歩いてみて，ご本人の様子を観察してみるのもよいでしょう。ときに身体の不調が徘徊の原因になり得ます。たとえば薬の副作用でじっとしていられないことがあります。痛みや不快感などの身体症状，尿意や空腹などの生理的要求が満たされずに徘徊になることもあります。常日頃から表情やしぐさを観察していると，「あっ，これはトイレに行きたいというサインだ」とピンときたりします。

ケア なんとしても徘徊を抑えこもうとはお考えにならず，まずは「安全な徘徊」ができるようにと発想転換するのもよいでしょう。洋服に名前や連絡先を入れた名札をつけると，徘徊の結果，行方不明になったときに助かります。

ケア 外出を連想させる靴やバッグ，帽子を目のつくところに置かないということは基本になるかもしれません。また玄関や出入り口に赤外線センサーをつけておくと，介護者が気づいて徘徊を止めることもできます。もし外出したくなる時間帯がある程度決まっていれば，そんなときにこちらから誘って散歩に置き換えてみることもできるでしょう。

Q2 80代後半の母が1人暮らしをしています。夜になると「主人が帰ってくる」と言って駅に迎えに行きます。お父さんは亡くなったのだと説明しても出掛けていきます。何度か警察に保護されたこともあります。

ケア 何度説明をしても出掛けてしまうお母様をみていると，腹立たしくも情けなくもなりますね。交通事故の危険，バスや電車で遠くへ出掛ける危険もあるので大変ご心配なことと思います。行動を抑制するような薬はありますが，足の出が悪くなったり，ふらつきが増したりします。1人暮らしのお母様にはとても危険です。そこで薬よりまずは原因を探りましょう。昔の楽しかった頃を思い出して，ご主人を迎えに行かれるのかもしれません。ご主人が生きていることは否定せずに，外に出て行く時間を見計らって電話をかけ，世間話をしてみてはどうでしょうか。あるいはヘルパーさんに訪問してもらってはどうでしょうか。不安に思う時間帯に，電話や訪問など人と会話すると気が紛れることが多いようです。

PART A　在宅の認知症の人への対応

14. 帰宅欲求

Q1 毎日のように，家に帰りたいと行って外に出てしまいます．どうしたらよいでしょうか？

●ポイント●
- 帰宅欲求の中には，徘徊に類似して，すでに亡くなった両親のもとや今はもうない実家に帰ろうとする思いにもとづくものがあります．
- 概して夕方に起こりやすく，大抵はバッグや風呂敷などに荷物をまとめて，「お世話になりましたが，そろそろ帰ります」などとおっしゃりがちです．
- また本人はタイムスリップしていて，娘時代に戻ったつもり，などとみえることが多いものです．

【家族】本人に見えるところには，（荷物をつめられる）袋とか物を入れられるものを置かないようにしましたら，しばらくは帰りたいとは言いませんでした．

【家族】大声で叱ったり無理に止めようとしたりすると逆効果で，自分はいじめられていると思ってしまいます．私は畑に連れ出して，草とりをしたり野菜を取ったりさせます．そのうちに集中して，家に帰るのは忘れてしまいます．その上で，「この野菜は上手に作れたね」などと本人が野菜を作ったように思いこませると，もっと喜んでくれます．

家族 まず「そうだねぇ，帰ってみようか」と同意を示します。次に「ちょっとトイレに行ってくるね」と私が先に入り，次に「じゃ，お母さんも」と母を誘い，母がトイレに入っているすきに，荷物を見えないところに隠します。母がトイレを出てきたら，「じゃ，散歩に行こうか」，「庭の草ぬきを手伝ってくれる？」などと別のことに誘ってみると，その通りに素直にしてくれます。

家族 うちの場合は何でもよいのでまずほめて気分よくさせたところで，アルコールを少々いれたジュースを飲ませます。少し時間が経つとアルコールのためにだるくなるとともにリラックスしてくるので，外出しようとしなくなります。これは睡眠薬を飲ませるよりずっとよい方法です。

　大切なことは，興奮した状態でアルコールを飲ませないことです。まず穏やかな精神状態にさせてから飲ませると，ほろ酔いかげんになり，大人しくなります。

ケア 家に帰るなら「おみやげを持って行って」と容易に持てないぐらい重いものが入った袋を渡します。本人は持って行こうと努力をしても，持ち続けられません。そこで「暗いから明日にしませんか？」などと声をかけたりするとおさまる場合があります。

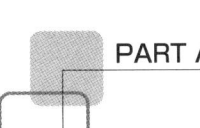

PART A　在宅の認知症の人への対応

15. 不潔行為

Q1　「トイレに行きたい」といって，行ってもすでに漏らしてしまっています。最近はトイレに行きたいと訴える回数も減ってきました。本人の自尊心を考えて，オムツはさせたくないのですが，もうオムツをつけるしかないのでしょうか。どうすればよいでしょうか。

　オムツはご本人のプライドをかなり傷つけてしまうものです。なるべく使わずにいたいと考えている介護者の方は，多いのではないでしょうか。このような状況は尿意・便意を訴えることが出来なくなっているせいかもしれません。出てしまった後，下着が濡れて気持ち悪くなって初めて気づいて，トイレに行きたいと言っているのでしょう。

　決まった時間にトイレに誘ってみるという方法があります。訴えることが出来なくなってきた方を，ある時間ごとに誘導すると，排泄がされることが多いので，失禁回数は減ります。

　また，尿意や便意を口で訴えることが出来なくても，表情やしぐさから読み取ることが出来る場合もあります。急に落ち着かなく，ソワソワしているときはトイレに行きたいのかもしれません。そのような時にトイレに連れて行くと，今まで出来なかったファスナー，ズボンの上げ下ろし，便器への立ち位置までもがスムーズに出来ることがあります。そのようにやっていくうちに，排尿のパターンや合図もわかってきます。

コラム

　時間を決めてのトイレ誘導は午前に薄く，夕方から夜に厚くしましょう。というのはヒトには抗利尿ホルモンというものがあり，この分泌には日内でのリズムがあるのです。早朝に多く，夕方から午後に少なくなります。そうするとお小水は逆に早朝少なく，夕方以降に増えます。これを図に示しました。

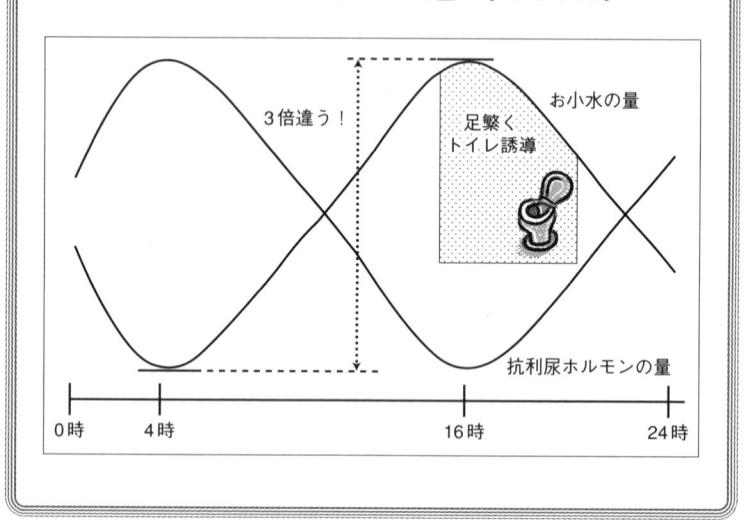

（図：0時～24時の抗利尿ホルモンの量とお小水の量のグラフ。3倍違う！　16時頃に足繁くトイレ誘導）

Q2

トイレに入ってからドアを閉めることが出来るのですが，終わった後に鍵を開けて出てこられないことが何度かありました。何かあったときのことを考えると心配です。

　たしかに「開けられない」とパニック状態になり，余計開けられなくなっていることがあります。実際トイレの鍵もつまみを回すもの，かんぬき型とさまざまです。認知症の方には難しいこともあるでしょう。
　お困りのような事態になったときには，大声で繰り返し説明して

も効果は少ないでしょう。それよりも，まず一呼吸入れてもらいましょう。そして，簡潔に「まわす」「ひく」「横にずらす」などと次の動作を伝えることで開けられることがあります。

こんなトラブルを何度も繰り返しておられるのなら，外側からも開け閉めが出来るような鍵にしておくと安心だと思います。

Q3 今まで立位の状態で排尿していたのですが，最近便器の中に排尿できず，周囲を汚してしまうことが多くなりました。便器に座ってしてもらおうとしましたがとても嫌がります。どうすればいいでしょうか。

恐らくどこに的をしぼって排尿してよいかわからなくなっておられるのでしょう。対策は，
①便器の内側に的となるシールを貼る。最近では中に電気がつきわかりやすくなっているものもあります。また立つ位置に足跡の目印をつけ，ここに立てばよいというようにしておく方法もあります。
②便器にむかうことができなくなっているようでしたらやはり便器に座ってしてもらうように仕向けましょう。

トイレが頻回で立ち位置も悪く下着の下げ方も悪く，常に便器の周囲，下着，ズボンを濡らしている方がいました。その方は座ることに抵抗はなかったのですが，トイレでは座るのだという行為自体を忘れてしまっていました。そこでトイレに入るたびに，「座ってください」と声をかけて便座に座ってもらったところ，排尿するときに下着・ズボンも濡れず便器周囲も濡れずにすんだという例があります。

今回は嫌がっているところにも問題がありそうですが「座ってや

ってみましょう」の声かけも根気強く続けて言ってみましょう。

Q4 トイレで水を流した後,便器の中の水で手を洗っています。慌てて「手を洗いましょう」と声をかけると「もう洗ったよ」と言います。手洗い場に連れて行くと,きちんと手を洗ってくれます。もう便器も手洗い場もわからなくなっているのでしょうか。

トイレの後は手を洗うということは理解されていらっしゃいます。便器と手洗い場の場所が離れているのであれば,手洗い場が見つからず困って便器の水で手を洗ってしまっているのではないでしょうか。

手洗い場の場所がわかるように「手洗い場は外にあります」と書いた紙を貼ったり,場所を矢印で示したりするといった方法があります。

ショートショート

「トイレの水を流してね,お母さん」
「ええ,もう一度流しておきましょう」

Q5 オムツをしていますが，夜中にトイレに起きることが出来ず，漏らしてしまいます。その上，夜中にオムツを外してしまいます。毎日の洗濯物だけでも大変です。どうしましょうか。

家族 うちの母は失禁プラスおむつ外しもあって，毎朝その後始末にとても苦労しました。いろいろ試した結果，今やっている方法を紹介します。布団に入るときに，オムツを身につけ，その上からワークマンの作業服（自動車整備の人などが着ておられるつなぎの作業服です）を使っています。介護用のつなぎ服のように絶対脱げないようにしてはありません。

これだとお値段は介護用より格安，わきの下がメッシュにしてある夏用と普通の冬用とあります。いかにも拘束という感じの介護用に比べて，不思議な格好良さがある気がします。裾までの長さは，手足とも長すぎるので短く切って使っています。

家族 日中はトイレに行ってくださるのですが，寝る前にはなかなかトイレに行かれず，オムツはつけずに寝てしまう方がおられました。ご家族もとても上手にご本人と接しているのですが，夜になると人が変わったように落ち着きがなくなり，ご家族の言うことを聞いてくれません。そこで吸水量の多いオムツに交換し，その次に布団全体を覆う防水シーツに交換してみたそうです。こうすることで布団までは濡れなくなりました。

前向きに，「明日もきれいなシーツで眠れるね」と考えられるように思考を変えていくと気持も楽になるでしょうか。もっともこのようになるには，時間がかかりますね。

朝起きてみたら布団は濡れ，ご本人はオムツを外している状況，介護者には朝から大変なことです。失禁してしまい，不快に感じて思わず外してそのまま眠ってしまったことが考えられます。

　オムツにもいろいろな種類がありますが，吸水量が多いものを選ぶことです。実際にオムツ会社に問い合わせをして吸水量を確認して購入したご家族がおられました。同様に尿とりパッドにもさまざまな吸水量がありますので袋の裏面をよくみて購入いただくと違うかと思います。そのパッドを2～3枚あてて，濡れたら抜くだけの交換で夜間を過ごす方法もあります。ただし夜中に確認が必要になってきます。

　後の洗濯物という非常に大変な作業を最小限にする方法として，防水シーツを利用しませんか。小さい防水シーツではなく，布団全体を覆える防水シーツがよいかと思います。それを2枚用意し，敷布団，掛け布団両方にかけていきます。防水シーツの間に寝ていただくという感じです。大きいのでどんなに動いても安心です。ただシーツの洗濯は残ります。

Q6

認知症の父親の介護を始めて半年になります。最近，夜中に起きたとき，父親が排泄物を壁に塗っているのを目撃しました。口のまわりにも便が付着しているのを見たら，激しく気が動転してしまいました。このような時にはどう対応するのがよいでしょうか。

● ポイント ●
- こうした行動は便こねとか弄便行為などと呼ばれます。
- 排泄物か食物かの区別もつかなくなってしまった結果と思わ

れがちですが，実際は違うようです。
- こうした失禁と不潔行為は下痢気味のときに起こりやすいようです。
- 深層心理で，幼児期に戻って砂遊び感覚で便をこねるという人もあれば，不快感を取り除こうとして便をさわるという人もいます。
- 「本人に不快を示す意思がまだあるのよ」言われても，なかなか許容できないところが介護の中で1番悩ましい問題かもしれません。
- 不潔行為は，どう後始末をしてよいのかわからず，パニック状態に陥ることによると思われます。
- 本人も恥ずかしさと自信喪失で途方に暮れておられます。
- 慌てて処分・片付けをしようとして，さらに汚れを広げてしまいがちです。
- 時には引き出しや，カーテンの裾の下から隠された便が見つけ出されるようなこともあります。

家族 このような場面では，概して気が動転したり怒りを覚えたりしてしまうものです。最初から冷静かつ適切に対応できる人は皆無かもしれません。でも，お父さんの「排泄物を壁に塗っている」という行為自体をよーく見て下さい。実は壁に塗っているのではなく，一生懸命に排泄物を処理しようとしていることが理解できるでしょう。このような行為を未然に防ぐためには，失敗した排泄物の処理を出来るだけ素早く実行することです。

家族 ①まずは何をする？　深呼吸を何度かするのがポイントです。すぐに処理に取り掛かってはなりません。②そのとき,本人はどうさせておくか？　手はもちろんのこと，

出来るだけ身体を動かさず,じっとしていてもらいましょう。本人に処理させないことがコツです。③私は何をどうやるか？ 速やかに何も考えず処理に着手します。このような厳しい介護の場面は出来るだけ単純作業をシンプルに実行することで黙々と切り抜けましょう。

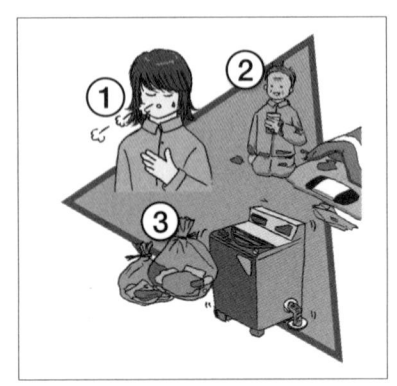

便こね対応の手順

あなたが動転されることなく,便こねや不潔行為といういわば2次災害を予防することがポイントかと思います。
①まず口をゆすいでもらいましょう。次にジュースやお菓子などを取ってきて,飲食してもらう。これはご本人のパニック状態を鎮める意味と,本人には手出しをさせたくないという狙いがあります。
②あらかじめ用意しておいた使い捨てビニール手袋,ゴミ袋,ティッシュペーパー1箱をセットで持ってくる。あなたは手袋をつけて,汚れをティシュペーパーでふき取りゴミ袋に投げ込んでゆきます。
③お風呂やシャワーに誘導して洗う。
④以上の一連の対応では,お母様を落ち着かせ,あなたご自身もクールにするためにも,全く無関係なことに話題を向けてください。

例えばお母様の自慢話とか，戦争中に学徒動員で行った工場での寮生活とか……。

　このような場面を想定して時に頭の中でシュミレーションしておかれると，いざという時に首尾よく運ぶことでしょう。そして本番でシュミレーション通りに行ったら，冷静沈着な対応振りだったと，あなたご自身を心の底からほめてあげてください。

家族　こうした事態をあらかじめ想定して，汚れた衣服については，洗濯出来て再使用が可能か，洗濯せずに棄ててしまうか自分なりの判断の目安を日ごろから決めておくとよいでしょう。私の場合，捨てるか捨てないかの判断は便の量と臭いの強さです。いらいらしながら洗濯しようとすると，怒りが爆発したり，ひどい疲労感を覚えたりします。まずは汚れが付いた衣類を，そのままビニール袋に放り投げておいて，翌日以降に対処するのも一法です。洗濯にこだわることはやめましょう。

ケア　便にさわるのが目的ではなく，お尻のまわりが気持ち悪いから，外そうとしておられるのです。未然に防ぐには，失禁に気付いたら早めにオムツ交換することです。
　あるいは便秘があって不愉快なので，ご本人が手で摘便をしておられるのかもしれません。もしそうなら便秘を解消できるよう，主治医に相談し，服薬や訪問看護の排便コントロールを調整するとよいでしょう。

ケア　当面は，汚れることを想定して，使い捨てグローブや古布，新聞紙，ぬれティッシュなど用意しておきましょう。介護する方に多少気持ちのゆとりがあると，とっさの対

応も容易になるかと思われます。

　次に排便チェックなどをして排便リズムを観察し，大体の傾向をつかんでおきましょう。排便リズムがつかめたら，オムツをしている方でもトイレに座ることを習慣にしてください。これによりトイレでの排泄ができた方もあります。最近発売された2ウェイ紙オムツはお値段が少し高めですが，本人が1人で下ろせますので，試されてはいかがでしょうか。

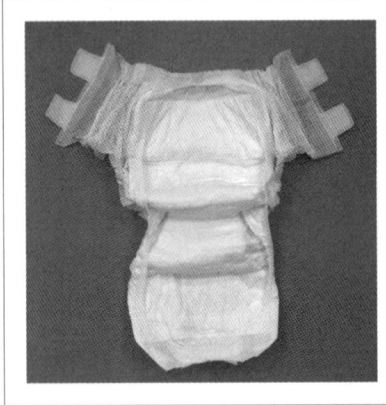

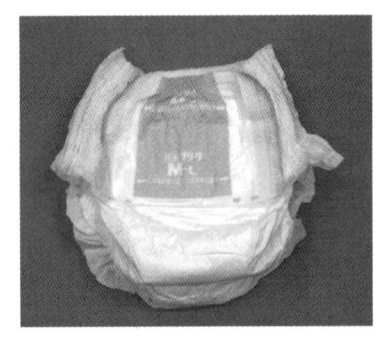

2ウェイ紙おむつ（花王リリーフ）
※パンツのようにはくことと，テープ止めとしても利用出来る2ウェイパンツタイプ紙おむつ。

Q7 トイレの壁に便を手で塗りつけるので，家族も閉口しています。どうしたらいいでしょうか。

　トイレットペーパーの使い方を忘れてしまって，手で拭いてしまい，さらに汚れた手を拭おうとして壁になすりつけてしまうのかもしれません。またトイレの壁や床を防水クロスや防水カーペットにすると，掃除もしやすくなり，介護

者のストレスも軽減できると思います。

ケア 衣服の着脱がスムーズにできず，衣服を汚したり失敗されたりするのかもしれません。ズボンのベルトはゴムひもタイプに替えたり，マジックテープにしたり，1つの動作で一緒にパンツとズボンが下ろせるようにしたりといった工夫もあります。

Q8 便を食べてしまいました。大丈夫でしょうか。

ケア 認知症になると，腐ったもの，不衛生なものの区別がつかなくなります。特に不調を訴えていなければ，大丈夫だと思いますが，嘔吐や便の状態をよく観察しましょう。まわりがあらかじめ予防的な対処をすることが必要になります。①便を隠してしまい，排便に気づかないこともあります。また，古いものを捨てようとすると怒ってしまうこともあります。難しいところですが，本人に気づかれないよう始末していきましょう。②O157，ノロウィルスなど食中毒も気になります。本人を促して一緒に手洗いをしましょう。介護者は「スタンダードプレコーション*」に則り，手洗い，うがい，使いすてグローブの利用など，こころがけましょう。

※スタンダードプレコーション：血液，その他の体液（排泄物，分泌液……）などすべてを感染する可能性があるものととらえ，いついかなるときでも感染に備えること。

Q9

母は認知症が進んできて，最近ではトイレの便器にトイレットペーパーの1巻きとか使ったオムツを流すといういたずらを繰り返しています。トイレが詰まり，水や汚物が逆流して私はパニックになります。

【家族】トイレの水詰まりにならないように，芯なしトイレットペーパーを使いましょう。これなら詰められても流れるはずです。うちでは，あらかじめ巻き取っておいて本来の厚さの半分程度に薄くした巻紙しか置かないようにしています。

サイドメモ

　ある男性のアルツハイマー病の方です。排便のあとでトイレの床がたびたび便で汚れてしまうので，奥さんがあるときトイレについて入って動作を観察されました。

　ふつうは排便においては，まずおしっこが出てその後に便がでるものですね。また大便をする場合には普通ならズボンと下着を下げて，便座に座りますね。ところが，この方は便器の前に立ってまず排尿されたそうです。そのあと急に便意が強まったらしく，慌ててズボンを下げて便座に座ろうとされたけれども間に合わず。ズボンの裾から大きなものがポロリと落ちてきたそうです。

　つまり多くの人が排便の前にする基本動作ができていないことが，失敗の原因だと判明したわけです。これは1つの例に過ぎません。これ以外にも思いがけない失敗のパターンがあるかもしれません。まずは観察することが対応の基本と再認識しました。

(家族)

家族 トイレットペーパーは止めました。昔ながらの落とし紙（ちり紙）に変えました。それも少々しか置かないようにしています。これで成功しましたが，今度は1度使ったちり紙を懐やポケットに入れるので困っています。

家族 恐らくご本人は，おむつをゴミとして処分するつもりで便器に流されるのでしょう。ですからお母様が使い慣れておられた大きめのゴミ袋をトイレに置かれてはいかがでしょうか？ また同じような狙いから，使い慣れたポリバケツなどを置かれてもいいのではないでしょうか？

身障用のトイレは意外に広い

ショートショート：外出先での排泄

　身体障害者用のトイレなら男女一緒に入っても不自然ではありません。写真のように広く使いやすい構造になっています。病院や公共施設，高速道路のパーキングエリアなどにあります。外出のときの排泄に備えてお近くのエリアでの設置状況を調べておかれると便利でしょう。

〈排泄〉

　尿を漏らすようになってから，泌尿器科の病院に通院するようになったが，評判のせいか，ひどい混みようですぐに待ちくたびれる．せっかちで待つことを知らない性分なので，呼ばれてもないのに，呼ばれたと言っては，勝手に診察室に何度も入っていくので，こちらが閉口してしまい行くのを断念．

　今はもう諦めてオムツが２割引きになるドラッグストアに段ボール箱で山ほど買いに行き，成り行き任せでやっている．ヘルパーさんには申し訳ないと思っている．最初のうちは家族の者もヘルパーさんもトイレを促して対処していたが，当人は，大の面倒臭がり屋なので，「今，トイレでやったばかりだからイイ」とウソをついてまで動こうとしないので今は諦めている次第．

　大の方も時々漏らし，"宴のあと"を見せに連れてゆくと，「誰がやったんだろう？」という有様なので怒るのもばかばかしくなり，無言で事後処理に専念するのみである．

尿取りパットの工夫

オムツの中の尿道口付近に，幾重に折りたたんで吸収面を上にした尿取りパットをあてる．こうするとオムツの吸収量が増し，横漏れも少ない．　　　　　　　　　　　　　　　　（家族）

PART A　在宅の認知症の人への対応

16. 暴　力

Q1 父は認知症の進行とともに暴れるようになってきたので、お医者さんから薬を調合してもらっていますが、あまり改善していると思えません。家族にはどんなことが出来ますか？

●ポイント●

- 暴力・暴言は以前から対応の仕方次第と言われています。それだけに何がまずいのか考え直すことが基本になります。
- もっとも認知症という病気の直接的な表れとしか思えない暴力もあります。
- 薬剤では、抗精神病薬などの精神系の薬が使われてきましたが、必ずしも効果が期待できるわけではありませんし、副作用が出る可能性もあります。

　認知症の方から受ける暴力や、傷つけるようなひどい言葉は、ご家族にとって、とてもつらいものです。腹が立つと同時に、人格が以前と違ってしまった様子に悲しくなることでしょう。しかし実はご本人の心の中も混乱しているのです。ご家族はあわてないで、怒る原因を探してみましょう。まずは日常生活をよく観察しましょう。どのような時に、何と言って、どんな行動をとるのか記録を取っておくことも有効だと思います。ご家族だけでなくヘルパーやデイケアの方々にも協力してもらいましょう。たとえば、暴力の対象となる人はいつも決まった人でし

> ょうか．それとも誰かれかまわず，でしょうか．怒り出すきっかけは決まっていますか．自分からかかっていくのでしょうか．近寄ってくる人を攻撃するのでしょうか．状況をこまかに観察していくと原因が見えてくることがあります．難聴で相手が何を言っているのかわからずイライラして暴力を振るっていた方もいます．家庭内の暴力沙汰を相談するのはなかなか勇気がいりますが，1人で抱え込まないでケアマネジャー，主治医，包括支援センターの方々にご相談することをお勧めします．（ケア）

ケア 攻撃的な言動が続くときは介護者の負担はとても大きくなりますね．このような言動の背景にある原因を理解するために，ご本人がどんなときに，どんなことを言い，どんな行動をしているのかを観察して何日か続けて行動記録をとりましょう．この記録は認知症のケアと医療に関わる人々との連携の上でも大切な情報になります．またヘルパーさん，デイケアの職員さんにも記録に加わってもらうことで原因が見えてくることがあります．

抱え込まないでください．ときには，医療や福祉の関係者に思いっきり愚痴を言って発散するのもよいでしょう．

Q2 暴言，暴力が激しかった父が，抗精神病薬というお薬で借りてきた猫のようにおとなしくなりました．私達は静かな生活が出来るようになり喜んでおります．しかし最近，本人は「足が動かなくなった」と訴え，じっとしていられず食事中も落ち着かずソワソワ歩き回ります．薬が効かなくなったのでしょうか．それとも薬の量が足りないのでしょうか．

薬は効果がありましたが，副作用も現れてしまったようですね。足が動かしにくくなった，足の出が悪くなった，落ち着かずソワソワしている症状は，抗精神病薬（興奮を鎮める薬）ではしばしばみられる副作用です。その他にも，身体が傾く，身体の一部がこわばる，ひとりでに身体の一部が同じ動作を繰り返すような動きが現れる場合もあります。また顔が無表情になるとか，飲み込みが悪くなることもあります。他には，便秘や尿が出にくいといった問題がみられることもあります。

このような時はただちに先生に状況を説明してお薬の調整をしてもらう必要があります。その際はありのままの状態をお伝えください。ご本人を連れて受診するのが望ましいですね。お薬は，いったん中止となるか，副作用止めの薬が追加されるかもしれません。

Q3 おむつを交換する時，突然介護者に噛みついたり，頭をたたいたりします。どうしましょう？

介護者の面倒がっている顔つきや「やれやれ」などという一言でも本人は敏感に反応されるものです。失敗したときの大騒ぎ，愚痴や悲鳴は，本人に伝染してしまうものです。一度大したことはないような顔をして始末してみませんか。「交換してもらうと気持ちがいい」と思うようになれば，攻撃的な行為はおさまるようです。

また便秘やかゆみ，やけどや体調不良などはないでしょうか。本人が体の変調をうまく伝えられずに暴力となる場合もあります。

ケア 盲点のようですが，介護者の手を温めたり，つめを切ったりしただけで解決した例があります。

Q4 食事の時に茶碗を投げつけることがあります。どうすればよいでしょうか。

ケア 本来楽しいはずの食事の時にこのようなことになっては参りますよね。私の経験からは，その原因はご本人と介護者の要因に分けられると思います。

ご本人の要因としては，おなかがすいていない，嫌いな食べ物ばかりだ，お茶碗をおく位置が悪い，口内炎が痛い，トイレに行きたい，などなど。このうちで改善できる要因はありませんでしょうか。

介護者さんについては，「ぽろぽろこぼして汚いわね」とか「こんなに汚して」など，ご本人を傷つける言葉や態度はなかったでしょうか。また時間がかかるからと，本人のペースを無視して急がせなかったでしょうか。もし思い当たることがあれば，ひとつずつ改めてみましょう。

ショートショート

茶碗の投げつけに対しては，割れない茶碗にするのも１つの方法ですね。

PART A　在宅の認知症の人への対応

17．もの盗られ妄想

Q1 母が「ブローチがなくなった」と大騒ぎしました。一緒に探しましたがみつかりません。母は「『素敵ですね』と言ったヘルパーが怪しい」と言います。ヘルパー会社の回答は「物忘れのせいでしょう」の一言でした。母の言い分もわかります。どうすればよいのでしょう？

● ポイント ●

　もの盗られ妄想は，「自分はまだしっかりしている」という強い思いから生じます。あったはずのものがなくなると，たとえそれを動かしたのが自分であったとしても，認知症であるご本人はそれを覚えていません。「自分はまだしっかりとしている」ので，物がなくなったのは自分のせいではありません。誰がそれを動かしたのか。目の前にいる「あなた」です。ご本人はそう思うことでしか，「自分はまだしっかりしている」ことを保証できないのです。したがって身近な人を犯人扱いしてしまいます。

　もの盗られ妄想はご本人にとっても悲劇ですが，親身に介護しているご家族やスタッフにとっても悲劇です。認知症だからとわかっていても，犯人呼ばわりされるストレスにははかり知れないものがあります。ご本人と周囲の関係は冷え切ってしまいます。第三者の力を借りて，お互いが孤立しないことが大切です。「まずご本人の申し立てに反対しない」，「演技をして一緒に探す」などは，この妄想のメカニズムに沿った対処方法です。

高齢者が物忘れや置忘れをすると，ひとくくりに「認知症」と決めつけてしまいがちです．お母様と一緒にブローチを探されたことはとても賢明だったと思います．こうして興奮がおさまったところで言い分をきちんと聞くことが大切です．ヘルパーさんも訪問して一緒に探してくれれば，本人の気持ちも和らいだはずです．（どうしても本人の気持ちがおさまらないようなら，ヘルパーさんの交代を申し入れてもよいかと思います．）

　ただ何度もこういう訴えがあれば，いわゆる「物盗られ妄想」かもしれません．身近な人ほど疑われることやしばらく続くことを覚悟しておいた方がよいでしょう．泥棒呼ばわりされると心中穏やかではいられませんが，本人が一番不安を感じておられることもわかってあげてください．

PART A 在宅の認知症の人への対応

18. 繰り返しの質問

Q1 同じことを数分おきに何回も聞いてきて私の神経をいらだたせるので困ります。5分でも10分でもいいですから、黙っていてもらうにはどうしたらよいでしょうか。

●ポイント●

- 繰り返し質問への対応はほとんどすべての家族介護者から尋ねられる悩みの元といってもよいでしょう。
- 尋ねられる内容として多いものに、今日の日付や今の時刻、今度病院に行く日や家族の帰宅時間など、ご本人が気にしていることがあります。
- よくなされる工夫に、回答をご本人に紙に書いてもらうという方法があります。しかし後でそれを見せても、「信じられない。本当に私が書いたの？」などとおっしゃることが多いようです。

　アルツハイマー病などの認知症では、一番近い記憶を脳の中にしまうことが出来ません。数分後にはご本人は本当に忘れてしまいます。しかし、尋ねようとした内容が気になっている状態がそのまま続けば、不安が募り何度でも聞いて、返答があると安心されます。しかしすぐにすっぽりそのことを忘れてしまうのでまた確認したくなります。不安があれば拍車をかけます。しばらくは押し問答が続きます。たいてい繰り返しているうち

> ほかに興味が移っていきます。ご本人が疑問に思ったことを聞いてくることは，ご本人にとってはとても大切なことですから，聞かれたらしっかり答えましょう。いい加減に扱われていないことがわかれば，不安が解消されるはずです。

家族 うちでは，繰り返しの質問にはいくつかテーマがあります。近々に予定されていること，お金や通帳のこと，それに日時です。とくに日時はよく聞きます。しかも，最近ではふつうの柱時計が読めなくなっていることに気付きました。そこで電気製品の大型店に行って，大きな数字で年月日から現在時間が横に数字で表示される大型のデジタル時計を買ってきてテレビの上に置きました。時間を尋ねられると，この時計を指差して「あっち」と言います。少しは私がイラつかなくなったと思います。

家族 関心の向きを変えることです。認知症でも本人が興味を持ち，好きなことがあるはずです。最初に家族がそれを捜して本人に与えることです。そうして，何度もほめながら時間を延ばすのです。

　たとえば，私の母は自分のことが書かれた文章を読むことが好きです。その文章を本人に読ませて，その間，5分おきぐらいに繰り返し，「上手だね，本当にうまいね」とほめてあげます。そうすると最初は30分ぐらいの朗読でしたが，2，3日程度で2時間も飽きずに席も立たず朗読することができるようになりました。忍耐を要しますが5分おきぐらいにほめてあげることが大切です。ほめることで本人が集中できる時間を延ばせることに気づきました。

家族 当たり前ですが，無視されていることがわかると誰でも腹が立ちます。そこでいかにも聞こえていなかったと装うテクニックがあります。新聞を読んでいたからわからなかった，聞こえなかった，ヘッドフォンをかけて音楽を聴いていたのでわからなかったというように無視だとはわからせない工夫です。

　もっとも無視したからといって，余計に本人をいらだたせることは少ないようです。むしろ固執というか，こだわりを燃え上がらせないのでけっこう有効です。

ケア 日時や時刻を気にされて，何度となく質問される方は少なくありません。横に何年から何時何分まで数字で表示されるデジタル時計が電化商品の専門店には置いてあります。これはかなり使えるようです。

ケア 家族だけでは大変ですから，ヘルパーさんやデイのスタッフさんも含めて，1日のうちだれかがじっくり話を聞いてあげる時間をつくってみてはどうでしょう。1日1回でも満足な気分になると違うかもしれません。気にされやすいこと，たとえば予定はカレンダーに書き込み，終わったら×印をつけることを日課にする工夫をされていた方もあります。耳から聞くだけでなく，目で見ることもあわせると頭に入っていきやすくまた残るようです。

ケア いい加減うんざりされる気持ちもわかります。忙しい中ならなおさらですね。しかしいい加減に扱われていないことがわかれば，気が済むと思います。それを見せる工夫がポイントかと思います。

Q2

夕方になると,「今日,実家に行ったが,母(13年前に亡くなっているのに)に黙って帰ってきたので,電話をしなければならない」とか「今からもう一度行ってくる」などと言い始めます。こんなときは,どうしましょう?

説得しても簡単には納得されないと思います。私はこんな時には,郷里の姉に電話をさせています。当初,母のことを話題にしていても,少し世間話をしているとそのことをいつの間にか忘れてしまうようです。もちろん,姉には状況を話してあり,協力をお願いしています。

PART A　在宅の認知症の人への対応

19. つきまとい

Q1 義理の母と同居しています。「かあさん」「かあさん」と言って、私につきまとって離れません。面倒になって「いい加減にしてください」とつい言ってしまうと、余計につきまといます。どうしたらいいでしょう。

●ポイント●

　お子さんが小さい時、どこへ行くにもついてきて離れなかったというご記憶はありませんか？　老いて認知症となって自信を失くしてしまえば、何をどうしていいかもわからないので頼りとする人について行っても不思議ではありませんね。本能的なものかもしれません。「私をわかってくれそうな人についていれば安心」「私を守っていて欲しい」「私の相手をして欲しい」という思いがあるのでしょう。

ケア　できれば時間を取って、本人と向かい、じっくり話を聞いてあげたいものです。それだけでしばらくは安心される場合もあります。普段から5分でもじっくり向かい合って、「大丈夫よ」と声かけしていくと段々におさまっていくように思います。このような声かけは、デイサービスやヘルパーさんにも協力してもらうとよいでしょう。

ケア なぜか不安で，お嫁さんを自分の「母親」と見たててかまって欲しいという思いがあるのでしょう．ちょっと手をとめて，ご本人の「母親」として，ゆっくり話を聞いてみてはいかがでしょうか．話すことなどなくても，一緒に座ってあげるだけで不安な気持ちは薄らぎます．向き合う時を重ねれば，ご本人もきっと落ち着き，変わってくることでしょう．逆につき放すと，かえってつきまといの程度が重くなるかもしれません．ここはひと踏ん張り，ご本人とお付き合いすることを決め込む覚悟が必要です．

ケア 絶えることなくつきまとわれるとストレスは溜まる一方でしょう．どうぞヘルパーさんやデイサービスなど活用して，自由時間を確保なさってください．

とくに外出されるときは，ドアに「○○に行ってきます．すぐ帰りますから待っていてください」「ここはあなたの家です」と張り紙して落ち着かれた方もありました．もっともこれでは効果がないこともあります．外出先からこまめに携帯電話などを入れて安心させてあげてください．

PART A　在宅の認知症の人への対応

20. う つ

Q1 母の部屋に行ってみると，1人で泣いていたり，日記に，どうしてこんな人生になってしまったのか……と，悲観した様子がうかがえます。どうしたら悲しみから助けてあげられるでしょう？

●ポイント●
- 認知症の経過中にうつになる人は多いものです。
- 普通の抗うつ薬で治ることもありますが無効なことも少なくありません。
- また重大な副作用が出る可能性もあります，
- 活性化のポイントは「必要とされているという思い」にあるのかもしれません。

家族　どうしても1人になってしまう時間はありますが，なるべく1人にしないことです。母は花が好きなので，車で公園に花を見に連れて行ったり，昼ごはんを外に食べにいったり，母の兄妹に会いに行ったり，と外出しました。夜は，子どもたちも交えて，食後にトランプやかるたをしたりしました。日記にも私が，今日の楽しい出来事を書いて，それを読ませたりしました。交換日記みたいになりました。交換日記は母の気持ちも読み取れ，私の気持ちも伝えられ，また読み返せば，繰り返し安心出来るようで，だんだん気持ちが安定してきたようです。

ケア 無理に外出を勧めたり，友達に頼んで連れ出してもらったりするようなことはしないこと。私が付き添い，近所を散歩してみる，近所へ買い物に一緒に行く程度に留めておく。「やれば出来るじゃないの！」などは自信をつけるつもりが，出来ないことをさらに強調することになってしまうことに気をつける。

Q2 母を家に引き取り，自分の家ではないので自分の仕事がなくなってしまったせいか，どうしてもぼんやりしがちです。自分から何かをしようという態度もなくなってきてしまい，ボーッとしていることが多くなってきました。どうしたらいいでしょうか？

家族 自分は役に立たないと思うことが無為，無気力につながると思うので，母用に仕事をつくりました。洗濯物をたたむこと，庭の草取りをすること，晩御飯の後の食器を洗うことです。それが済んだ時の「ありがとう」という一言がポイントです。

洋服のボタンつけとか，ほころびを直すとかいうことも母の得意分野なので，出来ないかもしれないと思ってもまず頼んでみると意外と出来たりして驚かされることもありました。私がびっくりする様子や，ほめ言葉に，喜んでなんでも手伝ってくれます。そういう時は私自身が幸せを感じます。また犬の散歩に一緒に行ってとか，買い物にも一緒に行って半分持ってくれない？　と言うと喜んでしてくれます。人の役に立つということ，私の手伝いになっているということがうれしいようです。

何もすることがない時にはぬり絵を用意します。簡単なものから

複雑なものまで揃えてあるので,好きなものを選んで楽しんでいます。

家族 字を書くこと,名前の練習,計算問題,塗り絵をやらせた。庭に連れ出して,草取りを一緒にした。沢山取ってもらったことをほめると,自分が役に立っていることに喜んでくれた。

家族 反省を踏まえてとりあえず,うつの予防法を書きます。
- 大声を出さない
- 妻を叱らない
- 妻に注意をしない
- 妻の嫌がることは極力避ける
- 妻に対して何時も笑顔で接する

をモットーにうつの解消に努力しています。

ショートショート

- 今日はやるぞと思いつつ眠り続けて秋の夕暮れ

PART A　在宅の認知症の人への対応

21. 記憶障害そのもの　探し物,「なくなった！」

Q1 近所の人が教えてくれたのですが，母親が，「息子がお金を盗って行ったので一銭もなくなった」と近所に言いふらしているらしいのです。また，「通帳がない」「権利書がない」と夜中に何度も電話してくるので，私も妻もほとほと疲れてきました。どうしたらよいでしょうか。

●ポイント●
- 「自分はまだしっかりしている」という思いがあるときから，物盗られ妄想は始まるようです。
- ご本人にとっては，物がなくなることを確信しているので，「誰かが盗ったにちがいない」，そして「身近にいる人が1番怪しい」ということになるのです。
- ご本人もそうですが，お世話しているご家族はもっとみじめだと思います。
- 1年，2年過ぎれば状況が変わると言われますが，その年月は計り知れないほど長いものです。その間に家族や周囲との関係性が冷え切ってしまい，その後の介護がさらに困難になることが多いようです。

ケア まずは一緒に探してみましょう。人間は，みなプライドがあります。勝手に自分のものを触られるといい気はしません。「この中はどうですか？」と声かけしながら，ご本人に探してもらうことがポイントかと思います。隠し場所は，意外なところ，スーパーの袋の中，布団や新聞の間，時に洗濯機の中だったりします。ご本人は大事なものだから，見えないところに隠そうとされるのでしょう。

ケア 物盗られ妄想のあるときは，ご本人も不安でしかたない状況だと思います。収納場所を一定にしてもらい，とくによく使うものは何が入っているかを示したラベルやシールを貼った袋や箱に入れるなどの工夫をしてみましょう。

ケア 普段から上手な管理をしたいものですね。だからと言って日常の買物時の金銭やキャッシュカードまで取り上げてしまうと，ご本人の意欲が損なわれ，自信喪失になりかねません。ご本人の意向も汲みながら，生活を見守っていくことが大切と思います。

通帳や印鑑などは目につくところに置いておくわけにはいきませんね。高額な預金がある場合は金融機関の貸金庫をお勧めします。また猜疑心が強くなりがちで，身近の家族やヘルパーさんに疑いを抱くことも多いものです。ですから信頼のおける第三者に預けるとかえって安心される方も多いようです。社会福祉協議会の日常生活自立支援事業（地域権利擁護事業）の日常的金銭管理サービスや通帳預かりサービスの利用も一案かと思います。またご自身で契約できないほどの状況なら成年後見制度をお勧めします。

Q2 財布がない，お金ががなくなったといって騒いだり探し回っています。

家族 私は本人に見えないところで封筒に現金を入れて，普段は現金をしまわない引き出しに入れておきます。騒ぎ始めたら，「昨日おろしてきたお金がここにあるよ」というと，それを見て安心します。そこで，「ここにしまっておこうね」と言って1件落着。しばらくするとまた同じことになりますが，同じことを繰り返します。なお，しまっておくのは，いつもお金を入れておく引き出しとは違うので，私がいない時にそこからお金を取り出す心配はありません。お金が見えさえすればそれで安心します。

ショートショート

否定するのも面倒になり「ああ，盗ったよ」と対応してしまいました。
(家族)

Q3 猜疑心が強くなり，いつも通帳を出しては眺めているのですが，しまい忘れては通帳がないと騒ぎ，すぐ銀行へ行って通帳がなくなったと再発行の手続きをします。銀行にも内情を話し対処をお願いしてあるのですが，どうしたらよいでしょうか。

ケア 猜疑心が強い場合は，公的な第三者に預けることで安心されることが多いようです。地域権利擁護事業の日常金銭の管理や通帳預かりサービスを勧めてみましょう。契約ができないほどの状況なら成年後見制度をお勧めしましょう。

ケア ほかの楽しみがなく 1 人で閉じこもっていると，金銭への執着が強くなるのではないでしょうか。デイサービスの趣味活動や家族旅行や散歩などで楽しみを増やしていけば気分も紛れ，猜疑心も薄れてくるように思います。

Q4 通院の日，父はいつも「診察券がない，健康保険証がない」から始まり，「財布がない」「通帳がない」「印鑑がない」と大騒ぎします。なんでもかんでもスーパーの袋に入れる癖があるので，スーパーの袋を探そうとすると本人は怒り出します。毎回時間はかかるし，再発行の手続きをするのはとても大変でへとへとになります。どうしたらいいでしょうか。

ケア 通院前に毎回毎回探すのは大変です。ご家族が預かるようしたり，本人の目のつきやすい引き出しに「診察券」と貼って，保険証と一緒に入れておいたりされてはいか

がでしょうか。ある1人暮らしの方は，ヘルパーさんのアイデアで，ダイニングテーブルの透明クロスの下に入れたところ，食事の度に嫌でも目に入ってくるので探すこともなくなり，落ち着かれました。

ダイニングテーブルの透明ビニールクロス
テーブルの形に合わせた透明ビニールクロスを使って，なくなりがちな診察券などをはさんでおけば安心です。

Q5 認知症になってから，よく作り話をしています。さっき，○○さんが来て一緒にお茶を飲んだとか，毎日デイサービスに行っているのに，今日は畑仕事をやっていたとか，毎日作り話の世界にいます。家族はつい嘘をついていると怒ってしまいます。本人はよけいムキになり，本当だと怒り出します。どうしたらよいのでしょうか？

家族 認知症になると過去と現実，夢の中の区別ができなくなります。家族からみれば嘘をついているようにみえますが本人はいつも本気なのです。楽しかった時，一番自分が輝いていた時に心だけが戻り，旅をしているのかもしれません。

幼い子どもが物語の中に入り，自分が主役になったり，ごっこ遊びで，棒を使ってチャンバラごっこをやったり，いつも役になりきっているのと似ています．認知症の人も嘘をついているのではなく，本気でその世界に入っているのです．脳は壊れてしまっても心だけが1番楽しかった日々へ旅立っているのです．そのまま旅の話を聞いてあげて下さい．

22. 誤薬（服薬管理）

Q1 ヘルパーが訪問したところ「次の受診までの薬が足りない」とご本人が仰っていました。いつも朝起きると忘れず薬を飲んでおられたので，もしかしたら，うたた寝から目覚めたときも飲んでしまったのかもしれません。これからどうしたらよいか困っています。

ケア まとまった薬を本人に管理してもらうことはやめたほうがよいでしょう。ヘルパーさんが訪問した時間に合わせて服用してもらう，あるいは現在の習慣を継続活用するために翌日分の朝の薬を夕方に本人に渡すなどを試みてはいかがでしょう。デイサービスを利用している場合は施設のスタッフに協力してもらう方法もあります。

薬を重ねて服用することは大変危険です。中でも，血圧，糖尿病，精神に作用する薬は命にかかわる場合があります。便や尿の排泄に関係する薬は生活リズムを乱し，心身ともに不安定になります。この方の服薬環境を正確に把握する必要があります。

Q2 朝昼夕と飲む薬がありますが，なかなか飲めません。カレンダーに薬を貼り付けても，薬箱に分けて入れても忘れています。捨てたり隠したりすることもあります。

薬を忘れず服用することは，認知症の方に限らず意外と面倒なものです。誰しも風邪薬や痛み止めなどは，症状が少しでも改善すると，すぐ飲み忘れてしまうものです。主治医に相談して服薬回数を検討してもらいましょう。飲み込みについては薬剤の形状や服用時の姿勢，道具（コップ，ストローなど）を工夫することでも改善できる場合もあります。

サイドメモ

・薬の形状には錠剤，カプセル，顆粒，粉薬，液体などがあります。

・飲みにくい，飲み込みにくい，飲み残すなどの原因が，薬の形状による場合は，適宜変更してもらうことができます。

・薬を誤薬（量，時間，内容）した場合は速やかに主治医に連絡をとり指示を仰ぎます。降圧剤，糖尿製剤・インスリン，抗がん剤，精神に作用する薬などは命にかかわります。

23. 怒りに克つ

Q1 思いもかけないことをされて，自分に余裕がないときは，激しい攻撃性がこみ上げてきます。どうしたらよいでしょうか。

家族 深呼吸してまず怒りを少しだけ抑えます。その上でジャンケンをします。本人は今やったことを全然おぼえていないので，すぐにジャンケンの誘いに乗ります。そこでじゃんけんに負けたら頭をたたくゲームにきりかえます。私にはまだ怒りが残っているので，本人が負けたときは，心は鬼ですが，手は柔らかく平手で頭をたたきます。本人はゲーム感覚ですので，頭をたたかれても笑っています。私が負けたときは，本人が私の頭をたたいてもよいのですが，叩くどころか頭をさすり始める時もあります。こうなると私の心もなごみ始めます。

家族 ほめ殺しという言葉がありますね。腹がたっているときにいくらテクニックに過ぎないと言っても心をこめてほめることはできません。でも大げさで皮肉のこもったほめ言葉，おちょくりなど普通なら相手の怒りを買うようなほめ方なら意外にできるものです。母の場合，認知症が進んでからは，このようなほめ殺しをしてもその真意がわからなくなりました。ですからほめ殺しをするとけっこう有効で，言っているうちに私の心の張り詰めた糸が少し緩んできます。

実は私も怒りん坊なので、お気持ちがとてもよくわかります。怒ってはいけないといつも思っているのに、つい怒りを爆発させ、その後は自己嫌悪に苦しむのです。いつまでも成長がなくて同じことの繰り返しです。

　何とか自己嫌悪は避けたいと思って、そのような時には次のようにしようと考えてはいます。怒りを生じた場にとどまっていると、怒りを反芻して余計に苛立ってくるものです。それがエスカレートすると虐待にもつながりかねません。まずは、ここから立ち去って別の場所に移動しよう。そこで思い切り大声を上げて怒鳴るとか、安物の皿を叩きつけるとかしてから、深呼吸してみよう。あまりうまくいきませんが、何とか怒りに克ったときは、自分の成長ぶりをほめてあげたいような気持ちになります。

　怒りに克つにも「逃げるに如かず」です。

〈ならぬが堪忍，するが堪忍〉

　妻が最初に診察を受けてから，3年が過ぎた頃から次第に妄想が起き始めた。「物を盗まれる」とか「夫が浮気をしている」などの症状が始まった。キッチンの包丁や，まな板を洋服ダンスの中に隠したり，自分の服をベッドの下に仕舞い込んだりするようになった。とても今までの家内とは思えないばかりか，人間として言ってはならないような暴言をぶつけてくるようになった。私も生身の人間だから，ついカッとなって暴力を振るいそうになった。こういう時にはいつも家内を羽交い締めにして，「暴力はいかん，暴力はいかん」と自分自身に言い聞かせていた。これには次のような伏線がある。

　私たちの三男は重度の知的障害児（23歳で死亡するまで原因がわからず，診断病名もハッキリしなかったが，一応自閉症といわれていた）として生を受けた。今から40年以上も前だから，医学も進歩していなかったし，何よりそういう子供たちを受け入れる社会的基盤はほとんど出来上がっていなかった。生まれてから死ぬまで言葉らしい言葉は一言も発しなかったし，お互いの意思の疎通も1回も出来なかったが，食事は普通に食べたので，体は大きくなり，15歳頃には，家内の力ではどうすることも出来なくなっていた。そこで当時，県内で初めて出来た公立の収容施設に入所させた。

　この施設の中で保母さんが親切に声を掛けてくださると，どうしたことか息子がその顔をいきなり殴りつけることがあった。ある時，家内と2人で，その施設に面会に行った。いつもの保母さんが，「お母さんが来られたよ」と言いながら，息子の部屋に入った瞬間，彼の手が保母さんの顔に炸裂していた。手加減なしだから，顔から火の出るほど痛かったはずだ。このとき保母さんはいきなり息子を羽交い締めにして，こう言った。「あなたは，お姉ちゃんのことが好きやもね」保母さんの目には涙が光っていた。私たち夫婦は呆然と立ち尽くしていた。

　私は息子が不憫であるだけに可愛くて仕方がなかった。愛情

もいっぱい注いだが，まだ若かったこと，そういう子供に接する知識が不足していたこともあり，平手で殴ることもしばしばあった。だから，彼は殴ることは1つの愛情表現と思っていたのかもしれない。そんな辛い悲しい経験が過去にあったので，暴力だけは絶対にいけないということを肝に銘じて覚えていたのだ。

（里村　良一）

〈難聴への対処：低い声で話す〉

　もうすぐ80歳になるBさんは，10年程前から耳が遠くなっていましたが，最近，認知症とわかり家族はいろいろな場面で耳の遠いBさんに困っています。

　ご飯の時も，横に座って勧め続けないと食べることををやめてしまうのですが，奥さんの声が聞こえないのか最近はなかなか，思うように食事も進みません。「ここにお魚があるわよ」「お味噌汁も飲んで」など，話し続ける奥さんの横で，知らんぷりです。奥さんが大きい声を出すと，聞こえる時もありますが，顔をしかめて，うるさそうに横を向いてしまいます。「聞こえてるなら，何で言うことを聞いてくれないの？」と奥さんはやり切れない気持ちです。

　今朝も病院に行く前の朝ご飯，いつも以上に奥さんも気持ちが急いています。ゆっくりご飯だけを食べ続けるBさんに「お茶も飲んで」と言っても聞こえないようです。大声で「お父さん！　お茶も飲んで！」と叫ぶように言ってもBさんはお茶碗から手を離しません。あきらめた奥さんがボソッと「もう病院に行かなきゃ」と言うとBさんが奥さんのほうを向いて「今日は病院か？」と言うのです。奥さんは驚いて，さっきの調子で「そうよ。ちょっと，お茶も飲んでね」と言うと今度は聞こえたようでBさんはお茶を飲んでくれました。

　これはなぜでしょうか？　声の調子がヒントです。高齢になると高い音が特に聞こえづらくなるのです。高音のままでボリュームだけ大きくすると，言ってることはわからないけれど，音量は伝わるので耳障りに感じます。特に女性は男性より声が高いですし，焦ったりすればなおさらです。そんな時は，一呼吸おいて，ちょっと低めの声で話しかけてみましょう。

PART B
介護スタッフ・関連職域の人たちの疑問や悩み

PART B　介護スタッフ・関連職域の人たちの疑問や悩み

1. 子どもたちが関わりを持とうとしない家族

Q1 高齢夫婦2人で暮らしておられますが，どちらも認知症が進んでいます。お子様方に「そろそろ2人暮らしは危険かと思います」と連絡しても，「2人はまだしっかりしていますから」という答えが返ってきます。どうしたらよいのでしょうか。　（担当ケアマネ）

● ポイント ●

たまに会う家族は，ちょっとの時間では認知症を認識できないかもしれませんね。また親も子どもの前ではしっかりしなくてはという気持ちが働きますので，余計に認知症がわかりづらいと思います。それだけに，親の認知症に気づけず，しかるべく対応しないご家族があります。また遠方にお住まいの家族の方，就労や育児などで毎日多忙な家族の方，関わりたくても関われない方もあります。さらに親子の歴史の中で，関係がこじれてしまい，認知症になったからといっておいそれとは関われない方もあるでしょう。こうした事情を察すると，「関わりを持とうとしない家族」と一方的な非難はできないと思います。

ただ先々のことを考えますと，ご家族にはご両親が認知症であることを理解して，事の重大さをわかってもらわねばなりません。介護従事者は，家族の関与がないと，その場その場ですぐ対処する必要に迫られ，本来ならケアスタッフの守備範囲でないことまでやらざるを得なくなります。たとえば，サービス

> を増やすこと，病院へ受診することなどについては，ケアスタッフが勝手に判断することはできません。だから困るのです。

ケア ご家族側からすれば，両親のことはケアスタッフに全面的に任せたと思っておられるのかもしれません。あるいは，ケアスタッフが全部してしまうので，入り込めないと思っておられるかもしれません。

また同じ一族の中でも関わっているご家族は，関わろうとしない家族のことを非難してしまうのでさらに関われなくなっていることがあります。本人の願いを満たしてあげたいと，それぞれの立場で考えて行動し，疲れ果てているのが現実かもしれません。

このようなことを考慮しつつも，ご本人が判断できない場合は，やはりご家族に判断を委ねることになります。ケアスタッフとしては，実際の介護ではなく，「判断」というところで，家族の関与を望んでいるのです。ケアスタッフは家族ではありませんし，家族のように入り込んでもいけません。だから私たちは，できることとできないことを明確にご家族に説明して判断を仰ぐべきです。お2人の暮らしぶりを逐次報告していけば，ご家族も次第に理解されるようになることでしょう。

その際のポイントは，関係する皆さんのプライドを傷つけないこと，客観的な事実を控えめな表現で伝えること，そして専門用語はできるだけ使わないことにあると思います。

PART B　介護スタッフ・関連職域の人たちの疑問や悩み

2. 親が認知症であるのを否定・否認する家族への対応

Q1 日頃の認知症症状を伝えようとしても，「うちの親は認知症ではありません」と突っぱねられ，拒否されてしまいます。どうしたらよいのでしょうか。

（担当ケアマネ）

●ポイント●

　ご家族が認知症をよく理解しておられて協力的な場合は，援助する人たちは本当に心強いものです。

　しかし誰だって最初は認知症という事実を簡単に受け入れることはできませんよね。物忘れやおかしな言動が目立つようになり，「もしや認知症では……」という思いがあっても心の片隅に押しやって「まさかわたしの家族に限って」と否定するのが人情でしょう。否定はしても，実際には「こんな人ではなかったのに」「情けない」「嫌がらせなのでは」などと苦しみは募ります。この時期から，ご家族が認知症を受け入れていくまでの過程では援助者が身近にいることが必要です。このような援助者には，『ご本人や家族がどこまで認知症であることを受け入れられているのか』を見極めることが求められます。混乱されている時期には何を言っても受け入れてもらえないかもしれません。時には援助者に感情をぶつけてこられることもあります。

　「困ったご家族」ではなく，「ご本人の大切なご家族」という気持ちで寄り添う姿勢が求められています。認知症は進行し

ていきますから，いざというときアプローチできるよう連絡体制だけは整備しておきたいものです。

ケア まずなぜ私たちが親御さんと関係を持つようになったかの背景の説明が必要でしょう。その上で繰り返し子どもさんと話し合いましょう。そこで大切なのは以下のことかと思われます。

①ご家族の歴史や人間関係を理解しながら，さまざまな思いに耳を傾け，受け止めること。
②信頼関係を築く中で認知症についての情報を提供していくこと。
③その上で現在の親御さんの生活状況を慎重な言葉で伝えること。
④かかりつけ医など信頼できる医師からの説明を受けたり，専門医の受診などを促したりすること。

ケア 認知症を受け入れられるか否かには多くの要因が関係します。つまりご家族の健康状態や経済，BPSD（困った行動障害や精神症状），家族内の歴史や家族関係などが大きく影響します。これらの要因を把握することも大切です。ご家族に，認知症とはどういうものかを理解してもらい，同じ思いの人がいること，そして支えてくれる人もいることに気付いていただくことです。段階的に少しずつ受け入れてもらうのです。人によっては長い時間がかかるかもしれません。「認知症だと認めてしまったらその人をうしなってしまう」というような感情を持つ人もおられます。このような家族の情愛を，援助する人は尊び暖かく見守ってあげてください。

ケア 私も少なからずこうした経験があります。反省をこめて振り返ってみました。

①ご家族への対応の仕方は万全だったでしょうか？ 困った家族と思いながら対応すると，その雰囲気が伝わってしまうのか，そこからうまくいきませんでした。一緒に困ったことはないかと相談しましょうよ，という姿勢が大切だと思いました。

②主治医から病気の説明をしていただくことも必要です。

③ときにわれわれスタッフからの口出しは無用というご家族もあります。それでも利用者様の日々の様子を介護ノートに記し，これを通して情報を共有していくことも役立つでしょう。ケアスタッフが医療とはまた別の大切な役割を果たしていることをわかってもらいましょう。

ケア ご家族がおられないときのお母様の様子を伝えたり，本人に気づかれないようにご家族に普段の生活の様子を見てもらったりされてはいかがでしょう。認知症についてのテレビ番組や本を紹介するのもよいと思います。

3. まわりは受け入れても本人がサービス受け入れを断固拒否

Q1 家族はデイサービスに行かせたいと思っていますが，本人は「あんな老人ばかりいるところなんてまっぴらだ」と断固拒否しています。どうしたらよいのでしょうか。
(担当ケアマネ)

●ポイント●

ご家族は，「認知症が進まないように」という思いや，「早いうちから対応を」という思いから，少しでも早くサービスを導入しようとされがちです。しかし当のご本人は病気という自覚（病識）のない方が多く，「自分でまだできる」との思いや「認知症を認めたくない」という思いがあるので，家族や周囲の勧めを素直に受け入れられないのが普通です。サービスを受けるのはご本人ですから，ご本人が納得されるまで，じっくりと気長に対応する必要があります。

デイサービスに行く目的が，本人のためと言いながらも実は家族や介護者のためである場合も少なくないように思います。まずは，本人の「いや」という気持ちを受け止めることが大切かと思います。「ここがどこかわからない」ような所に行くことはだれにとっても不安でしょう。介護保険と言ってもわかりづらいですね。「○○市の制度です」とか「健康増進，ボケ予防のためですよ」と説明することで「それならば」と言って通

われるようになった方もあります。

ケア 誰から勧めてもらうかが大切です。医療的見地からリハビリテーションなどの必要性があったので，医師や作業療法士，理学療法士から誘ってもらったこともあります。

最近ではデイサービスにもそれぞれ特徴があります。本人に合うデイサービスを選ぶことも大切です。「老人ばっかりでいや」という方にはこじんまりしたところがいいかもしれません。

「家にいるのがすき」という方にはプログラムを自在に変えられる，自由なところなら行かれるかもしれません。着替えをして出かけるのが億劫という方は，ヘルパーさんに準備に入ってもらい気分を盛り上げてもらってはいかがでしょうか。

最初はいやでも少しずつ，なじみの人ができてくれば，進んで行かれるようになります。もっとも行くと体調が悪くなるとか，誘いすぎて拒否反応がひどくなる場合もあるでしょう。そのときは，「無理に行かなくてもいいわよ」という見方も必要ですね。タイミングも大切ですので，体調がよくなったときにとか，逆に認知症が進んで状況が変わったりしたときに誘い直してみてはいかがでしょうか。主治医に家にばかりいると「ボケテ」しまいますよ，と言ってもらうのも効果がある時もあります。

PART B 介護スタッフ・関連職域の人たちの疑問や悩み

4. いわゆる認認介護のケース

Q1 ともに認知症で高齢のご夫婦です。生活上の問題で近所から苦情も出るようになり，自宅での生活が難しくなってきています。区の職員が施設入所を勧めても，「自分たちだけで何とか暮らしていけるから」と拒否しています。今後どのようにしていけばいいのでしょうか。
(担当ケアマネ)

● ポイント ●

高齢者の多くには，いままで自分たちで生活してきたという自負があり，いまさら人の世話になりたくないと思っておられるものです。自尊心を傷つけずに，しかも安全を確保しながらケアをしていかねばなりません。また概して，このような状況では，ご近所からは苦情が寄せられていますので，こちらへの対応も求められます。

ケア 時間をかけて少しずつ対応していくしかありません。拒否されても何人かの人たちで関わっていくことです。ちょっとしたことがきっかけで受け入れてもらえる場面が必ずあります。基本的なことも少しずつ出来なくなってきますので，そこをカバーしてさしあげることが大切です。誰がこのご夫婦にとってキーパーソンかを探し出し，その人を軸に諦めずに誠意を持って接していきたいものです。

また，近所の方へ状況説明していくことも必要です。遠くから見

認知症高齢者の地域社会での問題

ているときは"苦情"だったものが，巻き込んでいくことで，"サポート"になっていくこともあります。まわりが柔軟になれば，ご本人たちの気持ちも変わっていくのではないでしょうか。

5. デイサービス利用に関わるトラブル

Q1 デイサービスの方から注意されました。母はまわりの人に誰彼の区別なく「もう来るな」と言ってかかっていくので，「あの人のいる日は行きたくない」と言われているそうです。むしろ私はデイの回数を増やしたいくらいなのに。どうしようかと悩みます。

（担当ケアマネ）

● ポイント ●

デイケアにおける人間関係が元で悩まれる利用者さんやそのご家族は少なくありません。馬が合わないとか，困った行動が激しくて他の利用者の迷惑になっているとか，対応するスタッフの労力が大きすぎるといったことがよく理由に挙げられます。

対応が難しい問題であるだけに，ケアマネの腕のみせどころかもしれません。

何らかのトラブルがあったのかもしれませんね。それがわかればいいのですが，わからずにご家族もイライラするのなら，デイに行く意味がありませんね。

デイサービスに行く日を変更してみてはいかがでしょうか。また他のデイサービス機関に変えてみてもいいでしょう。今までの関係があるから不義理だと感じられるかもしれませんが，雰囲気が変わったり，スタッフや利用者が変わったりすることで落ち着きを取り

戻されることもあります。

病院 デイサービスに行く日を変更したり，他のデイサービス機関に変えたりしてみるのもよいと思いますが，思い切ってデイケアに変更してみるのはいかがでしょう。デイケアがデイサービスと違う点の1つにリハビリテーションスタッフがいることがあります。リハビリテーションスタッフとは理学療法士，作業療法士，言語聴覚士です。専門的な知識を持っていますから，身体的な問題のみならず認知症のことについても対応が可能です。

　また医療保険対応の重度認知症患者デイケアというものもあります。ここは認知症患者を対象にしており，介護保険とはまた別に，医師の指示のもとで一定の条件を満たせば利用できます。ここにも作業療法士や臨床心理士などのスタッフがいます。デイサービスのスタッフには対応できないというわけではありませんが，こうした違いをご理解いただくと，より上手に活用していただけると思います。どうぞご検討ください。

病院 施設の中でまずい雰囲気があることはよくわかりましたが，逆に良いところはないのでしょうか。たとえば他の利用者の中にもお母様のことを嫌わない方や無頓着な方もおられると思います。またスタッフの中にもお母様とうまく関わることができる方がいると思います。そのような方々の傍にお母さんをいさせてもらうことはできると思います。こんな配慮をしてもらえるようケアマネジャーさんに相談してみるのはいかがでしょう。

誠に僭越ですが，施設側のスタッフにお願いしたいことがございます。空いている時間を使って何か作業を提供してみてはいかがでしょうか。もちろん向き不向きはありますが，何かに集中しているとご本人の注意が他の利用者に向く場面は減ると思います。もしかしたら作業を介した交流から怒鳴りも減るかもしれません。

それでも変わらない時は，怒鳴られてしまった他の利用者にフォローを入れてあげましょう。たとえ理解してもらえなくても，この怒鳴りが症状であることを必ず正しく説明してください。

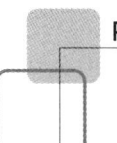

PART B 介護スタッフ・関連職域の人たちの疑問や悩み
6. 性的問題

Q1 認知症の夫がヘルパーさんのお尻を触ったり，抱きついたりします。どうしたらよいでしょうかとの相談を受けています。　　　　　　　　　　　　（担当ケアマネ）

> ● ポイント ●
> このような行動は，認知症のせいで衝動や感情のコントロールができなくなることに原因があります。居合わせる人たちは，高齢になったのになんて嫌らしいという思いを抱かれるかもしれません。「満たされない感情」あるいは「愛されたい」という気持ちは自然なもの。この人の人格ではなくて，認知症のせいでこういう行動が出てきてしまう，「これは病気なのだ」とお考えになると，少し気が楽になるかもしれません。

【病院】対処法ですが，ヘルパーさんが来るときに奥様は一緒にいらっしゃいますか。いらっしゃるのであれば，その間はなるべく注意を奥様に向けることを考えましょう。お尻を触ろうとしているのであればその前に手を握ってしまって下さい。また抱きつこうとしているのであれば先に抱きしめてあげてください。これが単純で1番確実な方法です。

【病院】事業者の方々はいかがでしょう。かわす術はすでにお持ちでしょうが，それでも難しい場合もあると思います。可能なら男性スタッフを派遣してみてはいかがでしょ

う。それが不可能ならば2人体制で訪問してはいかがでしょうか。1人は介護に専念し，もう1人はその行為が出ないように専念する。勤務調整が大変ですが1番確実だと思います。

ケア ご主人のそのような行動を目の当たりにすると，奥様は本当に困ってしまいますね。病気の症状の1つと言われてもなかなか納得できないでしょう。ヘルパーを固定しないことも方法の1つではないでしょうか。

Q2 ご夫婦2人暮らしで，奥様が認知症のお宅へヘルパーが入っています。若い女性ヘルパーさんがくる日は，奥様の機嫌が悪くなります。どうしたらよいでしょうか。 　　　　　　　　　　　　　　　　　　　（担当ケアマネ）

病院 なぜご機嫌が悪くなるのでしょうか？　どんな身なりですか？　訪問の曜日や時間帯は…？　認知症の方には感情も好き嫌いもしっかりあります。ご自分の中で誤ったヘルパーさんイメージが出来上がり，嫌な人になってしまったのかもしれません。また誰しも，知らない人に自分の家に入られて何かされるのは嫌なものです。まずは原因を考え対処してみてください。

単に相性の問題と思われたら，事業所にご協力いただいてご本人と気の合うスタッフを探して派遣していただくのはいかがでしょうか。

ケア 認知症の方は感情をストレートに表現されがちです。夫が若いヘルパーさんと話をする時間が多くなると，奥さんが嫉妬心をもってしまうというのは，ごく自然なことかもしれません。嫉妬心や猜疑心は止めどなく沸いてくるものです。

ですからご主人と話をする時は奥様も交え，奥様が寂しさを感じないよう努めることが必要ですね。また男性ヘルパーに代えてみたり，ヘルパーが入る時間はご主人に出かけて頂いたり，いろいろな試みをされてはいかがでしょうか。

PART B 介護スタッフ・関連職域の人たちの疑問や悩み

7. 急に体調が悪くなった！

Q1 ある男性利用者さん。夕刻，突然お腹が痛いと訴えましたが，うまく状況を伝えることができません。奥様が先生に連絡を取りました。腸閉塞の疑いがあるため救急搬送しましたが，病院に着いた頃には痛みは治まっていました。強い拒否のため十分な診察はできませんでしたが鼠径ヘルニアがみつかりました。奥様は，またいろいろな症状がでたらどうしようかと不安になっておられます。どのようにアドバイスしたらよいのでしょうか。　　　　　　　　　（担当ケアマネ）

●ポイント●

　本人が症状をうまく伝えられない方の場合は介護者にとっても不安ばかりがつのります。また痛みや，だるさ，イライラ感，不安，高熱など身体的不調だけではなく，認知症の場合には精神不安定から身体的な症状につながることもあります。どう対応するかの判断には，プロであっても自信がもてないかもしれません。ましてご家族が判断をするのはとても難しいので，その辺は専門家に任せましょう。

　大切なのは，医師に連絡をするにしても救急車を依頼するにしても，今の状態を正確に伝えることです。

病院　軽い症状なら，できれば救急車のお世話になりたくないものです。もしおられなかったら，かかりつけの先生を新たにお作りください。普段から地域の先生に掛かっていれば，場合によっては往診してもらえたり，電話対応してもらえたりするかもしれません。

ケア　見るからに危機感があれば迷わず救急車を要請してください。具体的には意識がない，呼吸が荒い，グッタリしているなどです。またこのままようすをみていてよいかどうかと悩むような場合はかかりつけ医に連絡をしてください。

病院　訪問看護をご存知でしょうか。看護師がご自宅に訪問して看護を行う医療保険や介護保険の中にあるサービスです。この訪問看護サービスの中には緊急時に電話対応や訪問して対応してくれるメニューがあります。これを利用すれば，万一症状が出た時にはすぐに相談することができ，場合によっては訪問もしてもらえます。

　ただしこのサービスは，主治医の指示により普段から訪問看護を利用されている方が対象となります。利用をお考えの際はまず主治医やケアマネジャー，またはお近くの居宅介護支援事業所や訪問看護ステーションにご相談ください。

ケア　精神症状と身体症状は密接な関係にあります。認知症の方は体調が思わしくないと，声のトーンや大きさが変わり，普段とは違った表情や言動が現れます。これらは身体の異常を表すサインかもしれません。

〈食べない理由〉

　Aさんは80代の姑のBさんを介護しています。

　朝食を用意してBさんを呼んだのですが，今日に限ってうろうろとして落ち着かず全く食べようとはしません。「どこか具合が悪いの？」と聞いても「なんでもない」と言うだけです。

　いつもの時間にヘルパーさんが姿を見せました。ヘルパーさんはBさんに明るく声をかけはじめました。お天気の話をするうちにBさんにも反応が出てきました。「Bさん，体調はいかがですか？　お腹が張って苦しいとか，なんとなく気持ち悪いような感じとかありませんか？」と訊ねました。Bさんは，さぁ，と首を傾げましたが，Aさんは「そう言えばこのところお通じがなかったかもしれません」と気づきました。そこで便秘のときにと処方されていた薬を飲み，お腹のマッサージをして便秘が解消するとBさんの表情は良くなり，ご飯も食べることができました。

　Bさんのように歩行が困難だと運動が少なくなったり，トイレに行くのが億劫だと水分を控えたりして便秘になりがちです。認知症の方は自分の体調の変化に気づかなかったり，症状をきちんと伝えられないことがあります。Bさんは自分でトイレに行っていたため，Aさんはその排泄状態に気づきませんでした。認知症の方が普段と様子が違って，なんとなく不機嫌だったり，食事や入浴を嫌がる場合には，便秘や発熱，脱水など身体面からのチェックをしてみましょう。

PART B 介護スタッフ・関連職域の人たちの疑問や悩み

8. 認知症の治療

Q1 認知症が進み，暴れるようになってきました。お医者さんから薬を処方してもらっていますが，あまり改善はみられません。ご家族にはどんなアドバイスができますか？　　　　　　　　　　　（担当ケアマネ）

お薬ですべての症状が解決できるわけではありません。どのような薬が出て，どのように効き，どのような副作用がでるかは，医師とよく相談しながら考えていく必要があります。

　ここではそれ以外のことについて考えてみましょう。認知症の方は，現在の置かれた状況と過去の記憶とが入り混じり，混乱し，感情が抑えられなくなっています。体調不良や自分を主張する表現が「暴れる」という行動につながることも多くあります。水分や食事はきちんと摂れていますか？　知らず知らずのうちにご本人に否定的な言葉ばかりを使っていませんか。トイレの場所がわからないなど，生活する上での不都合はありませんか。認知症の方とご家族との間でコミュニケーションがとれなくなり，お互いにストレスが溜まっていませんか。

　毎日生活を共にしているご家族は大変です。どうしてあげたらよいのかわからなくなってしまうことがよくあります。そんな時は，認知症の方と同じ雰囲気の中で時間を共有してみるとよいでしょう。会話が成り立たなくても，近寄って認知症の方の話を聞いてあげるだけで効果があるかもしれません。その際には音楽をBGMで

流したり，アロマを使ってみたり，非薬物療法といわれているものをどんどん取り入れてみましょう．お互いに気分よく過ごせる空気が生まれてくるといいですね．

Q2 徘徊，介護拒否，過食の症状があり，アルツハイマー型認知症の診断を受けている女性です．ご主人やほかの兄弟は「早く施設に」という意見ですが，娘さんは「私のことがわかる間は，自宅で介護をしたいと思います」また「認知症も老いの1つなので，薬はあまり飲ませたくありません」とおっしゃいます．ご自宅で介護を続けていくために，どんなアドバイスができますか？　　　　　　　　　　　　　　　（担当ケアマネ）

　ご家族の理解が得られないのはつらいですね．しかし，全員が同じ気持ちになることのほうが珍しいのかもしれません．ご本人は夜眠れていますか．ご家族の生活リズムと合っていますか．自宅で介護を続けていくために，デイサービス，デイケア，ショートステイを，介護保険を使って上手に利用されることをお勧めします．
　薬をあまり使いたくないとのことですので，非薬物療法を積極的に取り入れられてはいかがでしょうか．学習療法を取り入れているデイサービスでは，その方に合わせた簡単な計算問題をしてもらい，全問正解の「花まる答案」で満足感を味わい，気分よく過ごしてもらう試みをしています．また施設のスタッフはどのような時に興奮しイライラされるのか，1日の行動記録を取っています．
　こういった情報も自宅での生活の手助けとなるでしょう．娘，妻，母を兼任しておられる中で「完璧な介護」を目指そうとすると，ど

こかにしわ寄せがきます。1人で抱え込まないで，ご家族やケアマネジャー，あるいは施設のスタッフに何でも話してごらんになることをお勧めします。

> **サイドメモ**
>
> せん妄状態とは，夢をみているような，また強く激しい寝ぼけたような状態です。その時にいくら説明をしても通じませんし，ご本人にはせいぜいあいまいな記憶が残るくらいで，普通は全く記憶に残りません。病気やけがなどさまざまな原因により，脳が一時的に変調をきたした状態です。とくに認知症の人ではちょっと体調を崩してもこのせん妄が発生しやすいので，傍目にはボケ症状が悪化したと写ります。

PART B 介護スタッフ・関連職域の人たちの疑問や悩み

9. 認知症の薬物療法

Q1 ある利用者さん。突然に叫び出す状態がおさまらず困っております。薬も水も飲ますことができません。娘さんは,「この狂った母からとにかく避難したい」とおっしゃるのです。医師からはレビー小体型認知症と言われています。どうしたらよいでしょう？

（担当ケアマネ）

いつも献身的にお世話されている娘さんにとって,お母さまの状態は,さぞかしおつらいことでしょう。この状態は「せん妄」と思われます。夢をみているような,あるいは寝ぼけたような状態になっているのだと思います。この状態ではいくら説明しても通じません。このせん妄に,ありもしないものが見えること（幻視）や現実とは異なる思い込み（妄想）が加わって,「大声を出す」など激しい症状を伴うのが,レビー小体型認知症の特徴です。

具体的な対応としては,まず専門医とつながりをもっておられると安心です。外来受診が無理なようならケアマネジャーに相談し,訪問診療の医師や訪問看護師,あるいは訪問薬剤師の導入を検討してみましょう。レビー小体型認知症の方は薬剤にとても過敏で,不用意に興奮を抑える薬を飲むと,過剰に反応します。あるいは意識がボーっとしてしまいます。薬剤のさじ加減が重要になってきます。体の調子が整うと意識がはっきりされる方もおられます。「娘さんを拒否する妄想」が強い時は,強いて説得はされずにヘルパーさん

などの第三者が入ることでうまくいく場合もあります。

　短期間の専門病院への入院も選択肢の一つです。

サイドメモ

　最近，実は数多い認知症として注目されているレビー小体型認知症とは，アルツハイマー病にパーキンソン病が合併した状態とも言われます。レビー小体型認知症の方は，精神系に作用する薬剤に対して過敏で副作用がでやすいのです。また今日は調子がいいけど明日は最悪というように短い時間のうちに，状態が変化しやすいのも特徴です。また人の姿などのありありした幻視，それに寝ぼけや寝言もよく見られます。

Q2

暴言，暴力が激しかった男性利用者です。抗精神病薬という薬を飲んでから借りてきた猫のようにおとなしくなりましたが，足の動きが悪くなった感じがします。最近，じっとしていられないのか食事中もソワソワと歩き回るようになりました。薬が効かなくなったのでしょうか，薬の量が足りないのでしょうか。暴力がまた始まるのではないかとご家族がハラハラしています。
（担当ケアマネ）

暴言や暴力はご家族にとって耐え難いものです。また暴れ出すのではないかと気が気ではありません。もしかしたら，いま飲んでいる薬が効かなくなったのではなく，副作用が現れてしまったのかもしれません。抗精神病薬の副作用のせいで落ち着かずソワソワしてしまうことがあります。また足が動かない，身体が傾く，筋肉がこわばることもあります。

またひとりでに身体の一部が同じ動作を繰り返す不随意運動が現れる場合もあります。その他，無表情になる，飲み込みが悪くなる，便や尿が出にくいという症状が起こることもあります。

このようなときはお薬の調整が必要です。医師には，いまの状態をありのままにお伝えください。できればご本人を連れての受診が望まれます。暴言，暴力が改善したら，興奮をしずめる薬を減らすようにするのが一般的ですが，そのせいでまた暴言や暴力が出てくる気配を感じた時には，医師とよく相談してください。

PART B　介護スタッフ・関連職域の人たちの疑問や悩み

10. 認知症の非薬物治療

Q1　非薬物療法って何ですか？

ドクター　非薬物療法は薬物療法を補い，その治療の効果を高めるといわれています。非薬物療法には，学習療法，回想法，絵画や音楽などの芸術療法，アロマ療法，ペット療法，園芸療法，運動療法，リアリティオリエンテーション（RO）※，生活環境の整備（光，色，温度，湿度の調整など）などがあります。

　各療法にはそれぞれの目的や特徴があります。現在まだ十分とはいえませんが，今後さまざまな工夫や研究がなされ，多種多様な非薬物療法が提供されることでしょう。非薬物療法の利点は，薬とは違って副作用など身体への悪影響が少なく，比較的手軽に継続できることです。リラクゼーション効果があるものも多く，特に暴言，暴力，妄想，ふさぎこみなどのBPSD（認知症に伴う行動と心理の症状）には効果的であるといわれています。

※リアリティオリエンテーション：今はいつなのかといった時間や場所，目の前にいる人物がわからないなどの障害を軽減するための訓練。

サイドメモ

　最近は学習療法を取り入れているデイサービスもあります。たとえば，簡単な計算問題（問題数，レベルは個別対応）をして頂き，答えが間違っていても花丸をつけてスタッフから返します。本人にとって「ほめられること」で満足感を得ることになります。

非薬物療法のサイト

○タクティール： JSCI　株式会社日本スウェーデン福祉研究所
　　　　http://www.jsci.jp

○バリデーション：公認日本バリデーション協会
　　　　http://www.clc-japan.com/validation/

○学習療法研究会公式サイト
　　　　www.gakushu-ryoho.jp

PART C
病院・施設での認知症対応

PART C　病院・施設での認知症対応

1. 認知症をどうとらえ，その治療にどう関わるか？

Q1 認知症ケアの仕事をしていても，ときにどれだけの意味とかやり甲斐があるのだろうと思ってしまうことがあります。

お気持ちわかります。介護・ケアはやり甲斐のある仕事ですが，そのぶん大変さもつらさもあります。でも認知症をどうとらえるか次第だと思います。認知症に対して「人間の持っているひとつのユーモアとしてみる視点」を持つようにしてはいかがでしょうか。つまり，

- 認知症になっても尊厳をもつ人である。
- 自分たちの先輩である。
- なりたくてなったわけではない，病気である。

これらを基本認識とします。

こうした考え方の上で，それぞれの人のほほえましいところを見つけられたときにケアは少し楽になります。アイヌ民族の考え方に，「認知症＝神様の友達。神様の友達だったら少々こちらが困っても仕方がない」というものがあるそうです。認知症介護の場で，このように思えたら最高ですよね。

Q2 「神様の友達だったら少々こちらが困っても仕方がない」なんて今はとても思えませんが，どうしたらそのように思えるようになりますか？

病院 そう思えるようになるまでには，ある程度の人の良さや幅・忍耐力（待てる余裕）が必要かもしれません。私たちの病院での経験から，自分の思い通りに仕事をしたい人は認知症ケアスタッフには向かないように思っています。向いていない人はどんなに訓練をしても上達は難しいようです。

認知症の人たちのペースで仕事が出来るような素質が求められるのです。と言うと大変なことと聞こえるかもしれませんが，私たちは家族のように 24 時間，365 日付き合っているわけではないのでお気楽なところもあるのです。

高齢者の医療やケアの場では，劇的な改善は望み難いものです。それだけにお世話する方の中に，ちょっとした変化や改善を見い出して，「これらが私の仕事の成果だ，自分へのご褒美なのだ」と思えたら喜びややり甲斐もひとしおというものです。

Q3 認知症の人たちのペースで仕事が出来るようになるためにはどうしたらいいでしょう？

病院 いくつかのコツがあるかもしれません。認知症の方への基本的対応に理屈抜きで必要とされるキーワードを並べてみます。話し（訴え）をまず聴く，受け入れる，受け止める，受け流しや馬鹿にした態度はしない，無視しない，見守る，怒らない，説得しない。これらは認知症介護の世界では言い習わされたものであり，認知症に限らず対人場面ならどこでも基本になる

ものです。

　その一方でテクニックも大切です。いくつか述べます。

- その人が納得できる善意のうそで切り抜ける（たとえば「ご飯を食べていない」→「今，ご飯炊いています」など），話しをそらす・すり替える技術も不可欠でしょう。
- 認知症の人との会話も多少のコツでケアに活かせます。その人の生活歴を知る，表情を読む（認知症になっても本音や見栄がある）ことです。そうするとご本人の思いを探る手がかりになって，その辺を中心に会話することは思いを満たしてあげることにつながります。
- 井戸端会議風にも見える認知症の方同士の会話内容は概して，非現実的，無理難題，帰宅願望です。しかしそれもご本人の思いを知る上で参考になります。

Q4 薬物療法はもちろん，お医者さんが中心になってされます。服薬の遵守や誤った配薬がないように十分気をつけていますが，看護・介護サイドで薬物治療についてもっとも気をつけるべきことは何でしょうか？

　看護・ケアスタッフの任務としては，副作用のチェックが最も重要と考えています。多くの患者さんは自分からは訴えられませんし，先生もいつも観察されているわけではありません。それだけに，身体面と精神面の変化に慎重な目配りをすることが一番大切だと思います。

Q5 回想法など多くの非薬物療法があります。少しでも患者さんが良くなられるようにこうした治療法を導入したいと思っています。成功させるためのポイントを教えてください。

薬だけでは不十分な治療効果を補うために非薬物療法が用いられます。最近では，回想法，音楽療法，アロマ療法，アートセラピーなどなど，さまざまな非薬物療法があります。成功のポイントは，いずれであっても，誘ったときに抵抗なく乗ってくださる方を対象に選ぶことだと思います。無理強いすると，結局は失敗します。こうした療法の効果として傍目にわかりやすいものは，気が紛れる，集中できる，ことでしょう。計算ドリルに熱中されて活発な徘徊が少し減った方もおられました。その他のケアとうまく組み合わせれば，BPSDへの対応に有用になるかもしれません。

サイドメモ

アロマ療法（ヨーロッパの漢方）

　花や木のエッセンシャルオイルを使ってリラックスする方法。アットアロマ社のディフューザー（アロマの香りを拡散させるために使われる器具），アロマオイルを使ったアロマ療法でレビー小体認知症の患者さんに使って頂いたところ（昼間は居間でライトリリー，夜間は寝室でラベンダーを中心に），BPSD の軽減，よく眠れるなどのよい効果を上げています。薬剤も併用しています。

　また，病棟では，少し大きめのディフューザーでライトリリーを中心に利用しています。同時にインフルエンザの感染予防にもなります。

ディフューザー

2. 現実のBPSDへの対応

Q1 施設の中での徘徊にはどう対応すればいいでしょう？

丁寧に見ているとさまざまな徘徊のパターンがあります。出口を探しているもの，散歩しているもの，意味なく歩いているもの，座っていられなくて仕方なく歩いているもの，不快・不穏だから歩くもの，さらには昔の職業・仮性作業的な行動もあって多彩です。しかし私たちの施設の徘徊に関しては，「帰りたいという気持ち」があるという共通点があると思います。なお衝動性があり元気な若年性の認知症とお年寄りの認知症の方にみられる徘徊は別物とみたほうがよいでしょう。

安全に徘徊していただく上でのスタッフの留意点をまとめてみました。

- 基本は，施設外に出てゆかれたりする可能性もある人たちを見守るという姿勢です。
- ドアにはとくに工夫を凝らしましょう。
- 薬物療法の効果は乏しく，止めることはできないし，逆に危ないと思ったほうがいいでしょう。
- 床面に柄が入っていると，それが物にみえるようです。これは事故を誘発しかねません。
- 居住空間には多くの工夫が要りますが，基本は広い空間と程よい狭さのバランスです。

Q2 暴力は，幻覚・妄想などの精神症状と関係して出てくると聞いています。しかしそんな症状は全くないのに，突然暴れだす人もおられますが。

確かに妄想にかられた暴力，気分的な暴力もあります。しかし認知症高齢者の特性を知らないがために不適切な対応をしてそれが暴力を誘発してしまうことがあります。そこに十分配慮しましょう。

たとえば，こちらはスキンシップのつもりでも体に触られるのを嫌がる方は多いものです。とくにご高齢の男性の方は，触られる習慣がないせいか特にその傾向が強いようです。これに対して女性は子育てもあり，抱っこしたりおんぶしたりには慣れっこになっているのかもしれません。それだけに，

- 後ろから関わらない。
- 突然にケアしない（声をかけてからかかわる）。

ということが基本になります。

また特殊なタイプもあります。元警察官が，不穏な患者さんに影響されて，不審者と思って怒り出す例。また以前に受けた目にあまるある期間の虐待のために，ケアに際して少しでも体に触れると「アニマル症候群」とでもいいたくなる激しい防衛反応を示された方もありました（実際にはかみつく，なぐる，ける，つばをはきつける等）。

Q3 昼夜逆転を改善するコツがありますか？

認知症が進行すると概してこの現象が生じてきます。とくに夜中にオムツを外したり，大声や独りごとがあったりすると問題化しがちです。そこで昼間は起きてもらって，夜寝てもらわねばなりません。そのための基本は，
- 翌日に残らないような軽い睡眠薬を飲んでもらうこと。
- 日中の声かけ・誘いなど。
- 光療法の一法として日中，太陽の光をたくさん浴びてもらいましょう。

いろいろに働きかけることで，昼夜のメリハリをつけることが大切だと思います。

Q4 つきまといにはどう対応したらいいでしょうか？

ご本人の気持ちとして，寂しさ，不安，見捨てられ感があるものと思われます。ときには徘徊して歩く人にまとわりついてしまうこともあるので，その患者さんとの間で不穏な状況を生じることもあり，要注意となります。
- 相手をしてあげることが基本です。
- 相手をする人（スタッフや他の患者さん）との相性や対応の仕方によっては目立たなくなってくることもあります。
- 主治医と相談して適切な薬を使うことで，その勢いが弱まることもあります。

なおつきまといの背景はさまざまですから，一概にこの薬というものはないそうです。しっかり観察して，ケースバイケースで処方していただくことです。

Q5 いわゆるもの盗られ妄想には困っています。どうされていますか？

病院 私たちの施設でも，「ハンドバックがない」，「お財布を盗られた」といった訴えは日常的なものです。これまでの経験では，問題にされた金額は25円〜100万円でした。このように人それぞれに金額は違うようです。概して認知症が，わりに軽い方に目立ち，妄想が強いことと関係しているようです。根っこには家族やお嫁さんなどとのこれまでの関係性があったりします。その点，スタッフはその点はある程度距離が取れるので，対応がラクかもしれません。

まずは傾聴が必要です。その上で初めて納得してもらえるような善意のうそをつくとか，話しをそらす・すり替えるといった技法（「ところでお茶の時間になりました。今日はとてもおいしいババロアが出るわよ」など）が有効になります。

Q6 うつ症状の大切さはよくわかっているつもりです。でもうつが見抜けず，お見舞いにこられたご家族から報告されることもあります。

病院 認知症の人の場合，悲しいとか意欲がでないとか主観的な症状を言ってこられることはまれです。ですから行動の変化に注目することがうつを見抜くポイントになると思います。たとえば，頻回のナースステーション訪問，反対に自室に閉じこもり，あるいは集団活動に参加されないこと。また不眠や中途覚醒，拒食，体重減少もしばしばみられます。その他には意欲減退，不安，つきまといなどですが，人によっては失禁がみられる

こともあります。

担当医からの薬の処方が基本ですが，看護サイドでは注意しつつ見守る態度が求められます。とくに食べてもらうことへの配慮は重要です。

Q7 うちのスタッフは若いので，男性患者さんの性的ないたずらにうまく対応できません。

いわゆる「色ボケ」ですね。脱衣行為（ズボンを脱ぐ），女性のベッドに入って寝ている，触る，スカートに手を入れるなどあります。圧倒的に男性です。

対応のコツはうまく切り返す，過剰に反応しないことです。「相手を選んでね」「おいたは，止しましょうね」とか，どこか上手な飲み屋さん風に演技力をこめた対応でかわしましょう。

Q8 昨日，ナースステーションの流しに置いていた洗剤を飲まれてしまいました。

いわゆる異食の問題ですね。かなり注意していても，予備室やナースステーションに入ってこられてそこらのものを口に入れるという行為をやられてしまいます。食べられてしまうものとしては，お茶葉，石鹸，新聞，おしぼり，そして洗剤などがあります。

対応は，「まさかこのようなものまで」のレベルまで含めて，およそ食べられては困るものは一切置かないことに尽きます。なお事後対応の問題，つまり「洗剤を飲んでしまった後」などについては

「食事関係」の項をご覧ください。

Q9 弄便（便こね）の後始末で苦労し続けています。

自己摘便や痛い気がするからとほじって便器で手を洗ってしまうなど理由はいくつかあるようです。対応においては，大便の排泄の管理が大切です。毎日チェックして，できれば毎日出してもらいましょう。そのためには，

- 食事と水分摂取が基本になります。
- 便秘の内容に応じて先生に下剤の処方を工夫していただきましょう。

便秘の薬と言ってもその作用はさまざまですから，便秘のタイプに応じて使い分けがいります。たとえば，酸化マグネシウムは，腸管内の水分量を増加させて便に水分を多く含ませるので排泄がしやすくなります。一方，ピコスルファートナトリウム（ラキソベロン），センノシド（プルゼニド）は大腸を刺激して蠕動運動を活発することで排便を促します。下剤としての作用は強いのですが，習慣性があるだけにダラダラと長期使用することは要注意です。

Q10 同じ質問の繰り返しにはどう対応しましょうか？

繰り返しという問題も大きなものですね。質問だけでなく同じ訴え，呼びかけ・呼び止めの繰り返しもあります。観察すると，こうした方は「人を見ている」ようで，特定の方を呼ぶことがわかります。またパターンがあるようです。たとえば寝起き，休憩するときは言わないのに，他のときは言い続けた方がありました。

結局のところ、そのつど対応するしかないと思います。その際のポイントは、初めて聞いたかのようにまじめな応対をすることです。

一方で、ご本人が集中できること、たとえば音楽療法への参加などがあると忘れてしまう傾向があります。心に余裕のないときもあります。そんなときの切り返し方は、「さっきも来なかったっけ？」と朗らかに応じることです。

Q11 食べたのに食べていないと言い張る人への対応は？

「食べてない問題」にもいくつかタイプがあります。食べたことを忘れてしまう方の場合は、お膳を見て納得する人もいます。しかしこちらが指差した食べかけを見て、「俺に食べかけを出すのか！」と怒る方もあります。こういう場合には、まず謝って、盛りなおして出すこともあります。

また新喜劇の女優になりきって、「今作っています」と言って対応することもあれば、怒り出す人にはおやつをだしてその場を凌ぐこともあります。お腹になにか入ると納得されるので、そこを見計らって場面を次の場面（トイレ、薬など）に切り替えましょう。そうすることでご本人の「食べてないモード」を変えるわけです。

PART C 病院・施設での認知症対応

3. 介護への抵抗・非協力にどうするか？

Q1 失禁，放尿への対応はどうされていますか？

病院 放尿場所は，廊下の隅っこ，ゴミ箱，植木の鉢，他室の隅，引き出しの中などさまざまです。高齢者の信仰心を利用して，「しそうな場所に鳥居をおく」と世上よく言われますが，本当に効果があるかどうかは疑問です。それよりも排泄のサインを早く見つけて，誘導するのが1番かと思われます。

誘導の際，トイレがわからない，「トイレ」といっても拒否されることも少なくありません。そういう場合は，単に「こっちに行きましょう」と誘導し，「トイレに」とは言わないことです。「ズボンを変えましょう」，「お薬を塗りましょう」などと人によって用いる表現を使い分けることがコツかもしれません。

失禁は「見られたくないもの」「隠したいもの」です。ですから皆と一緒に誘導してはいけません。顔色など見ていて，「失敗したかな」と思ったら，ご本人が立ったときなどにさっと連れて行くのがコツです。

Q2 お散歩や買い物など外出のときの排泄についてはどこに留意されますか？

外出時の排尿は，とくに男性は大変です．上手に排尿できないうえに，しっかり出し切れないのでややもすると多量の尿がズボンや下着に垂れてしまいます．そこで出かける前に，あらかじめチャックの下に尿吸収用のパットを引いて置いてズボンが濡れないようにしています．

Q3 脱ごうとしない人，着てもすぐに脱いでしまう人にはどうしましょうか？

おられますねえ，こういう方が．脱がされることへの抵抗にどう対応するかも大変ですが，脱がせてもたちまちひょいと着てしまわれるとこちらは力が抜けてしまいます．でも根気強く，手際よく，パッと着せましょう．

また人によっては，どうして脱ぐのか介護者には理解できないこともあります．こうした場合によくよく聞いてみると，「2枚着ているから」とか「羽織をもってこいといっていた」とかご本人なりの理屈とこだわりがありがちです．そこに気付くには，時間がかかるものですが，もしそうならそこに注目した対応法を生み出しましょう．

Q4 どうしても着衣しようとしない人への対応は？

認知症になると次第に着るという行為や概念がわからなくなってゆくようです．また気温に関係なく「暑い」という人もおられます．もっとも風呂から出た後に，5分10分は着たくないという人もおられますが，これは普通の感覚でしょう．また靴下を脱ぎたがらない方もあります．

そのような場合には，医療的なこと，アドバイスをいうと納得されがちです。「先生が，○○さんの背中の乾燥がひどいのでは？と心配されてましたよ」などの台詞(セリフ)です。誰しも長生きしたいでしょうし，体のことなら心配になられるのでしょうか。つまりどう気持ちよくだまされてもらうかがポイントです。これは健康全般に応用がききます。その際のコツは，静かに諭すように言うことです。
　なお服を破る，ボタンをちぎる，破損する方もあります。手持ち無沙汰なのかもしれません。不安，落ち着かないということもあり得ます。いずれにしてもこのような方には，ボタンのついていないものを着てもらいます。

Q5　どうしても入浴しようとはされません。

　風呂嫌いな人に対しても上に述べた医療発言的なアプローチは有効かもしれません。「先生が，イボをきれいにしたほうがいいねと言っておられました」というと納得して，まず脱がれます。そこでさっと入浴誘導します。またこの人が言えば，素直に脱いでもらえる人をみつけておくのもよい方法です。風呂嫌いでかつ脱衣癖のある人であれば，裸になったときがチャンス。すかさず風呂にお入れするのも一法です。

Q6　食事をしようとしない人，遊び食いで集中しない人にはどうしたらよいでしょうか？

食べ物で遊んでしまう場合には，これまで比較的好んで食べたメニューを出すようにします。たとえ認知症の末期であっても好きなものは食べられるものです。

またどうしても食べない，口をあけようとしない人でもこれだけは食べるということもあります。ゼリーなら食べるとか，アイスクリームのような冷たい食べ物なら食べる人もおられます。ポイントは好みを探し出すことですね。「とっかかりは好きなものから」です。

Q7 歩けるのに歩こうとも立とうともしないので脚がパンパンにむくむ人にはどうしましょうか？

認知症の人の中には，歩くこと，移動することを嫌がられる方もあります。また訓練などの目的をもってやらせると嫌がる方，何度も何度も転んで立つのがこわくなった方もあります。認知症の方によくみられる特徴として，普段は動こうとしないのに突然歩き出す，気が向きさえすれば行動が速い・すっと動ける，といった現象があるようです。また認知症の初期は多動になって，その後，動くのがおっくうになることが多いようです。いずれにしても，脚はパンパンになってしまいます。

対応法の基本はまずは立ってもらい，歩いてもらうことです。歩行器を使うとか，配膳の場に誘導するといった工夫があることでしょう。これでむくみは多少とも取れるはずです。寝るときに脚の下に枕やたたんだ毛布を入れて脚を挙上するのもいいでしょう。次に理学的治療として，温浴やマッサージがあります。重度になってくると，脚をお湯につけようとしても嫌がってできなかったりします。だから気づいたら早めに対応することです。またこれらを総合的に実行するとより効果的でしょう。

注意しなければならないのは，体調（心不全や腎不全など）の不良のせいでむくむ場合もある得ることです。その際には，主治医の診察を受けるようにして下さい。

Q8 転倒・転落の予防法としてどんなことをされていますか？

認知症の方の転倒・転落には滑(すべ)る・つまずくといったよくある転倒もあります。また，立とうとしてイスからずり落ちてしまう，車イスのブレーキのかけ忘れで転倒，イスが後ろにずれてしまう，座位バランスが悪いので前から落ちるなど認知症固有の転倒もあります。また靴をはかずに靴下で歩いたり，足に合わない靴で歩いたりされると転倒の危険性は高くなります。

転倒予防の基本事項についてまとめます。

①入院時のチェック項目

この転倒・転落を中心に，誤嚥・窒息などの事故についてリスクを評価しています。入院時にアセスメントシートをつけて，入院後1週間は厳重に注意します。とくに高いベッドの上に立ち上がって，転倒してしまうような危険性に注目しています。

ご家族には，繰り返し「リスクには十分注意するが，事故は起こりうる」とご説明します。

②靴への注意

靴のかかとを踏んで履いておられる場合は，足にぴったり合うものや，かかとを踏んでも戻ってくるようなタイプに変えましょう。たまたま洗濯中などで靴が変わると，慣れないことでつまずきやすくなったりしますのでご用心。またペラペラの（底のうすい）靴は危険です。またむくみがあったときに買った靴で，むくみがひいた

時には，ぶかぶかになってしまうようなこともあります．ここにも気をつけてください．

③生活環境

　歩く場所の環境を整えましょう．つまずきのもとになる物を置かないことや，コードやタンスなどの配置に注意します．病棟の雰囲気も大きく影響します．スタッフがトイレ誘導の時間などでバタバタ動いている時間帯に，見守りが不十分となり転倒されてしまうことが多いようです．また食後，多くの人がトイレに行ったり，自室に帰ろうとされたりして廊下が賑わうことでも危険性は高まります．またほかの利用者との接触事故，あるいは徘徊中の人に突き飛ばされるようなこともあります．

　経験的に，精神的に落ち着かない人は転倒の危険が高いようです．さらに「危ない！」と思って近づこうとすると，かえって走って逃

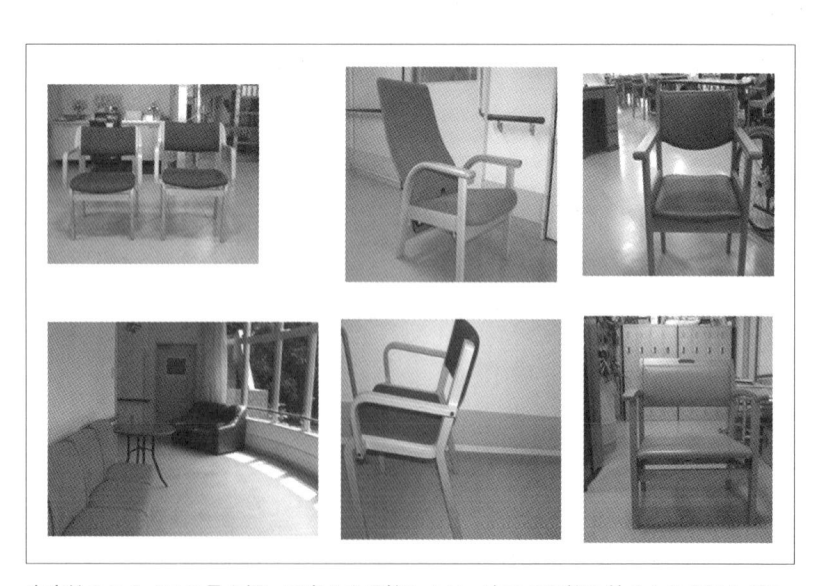

安定性のあるイスの足を切って高さを調節したり，高さの調節の効くものを選んだり，座面の大きさを体格に合わせて適切なものを選んだりします．要所要所には，ソファーを置いたりして徘徊中の人も気が向けば休めるようにしています．

げさせてしまって転んでしまうことも起こりえます。
④予防
　写真のヒッププロテクターは大腿骨頸部骨折に対して予防効果があります。また保護帽子にも同じような効果があります。

　反省をこめて要点をまとめます。スタッフ間で連携が取れていなかったり，お互いに希望的観測で見ていたりするときに事故は起こりがちです。そこで，
- 見守りの工夫として，危ない人は集めておくこと。
- 遠目で全体を見て，指令を出す人が必要。近くで見守りしていると，見えないものです。全体を見渡せる目があるかないかで結果

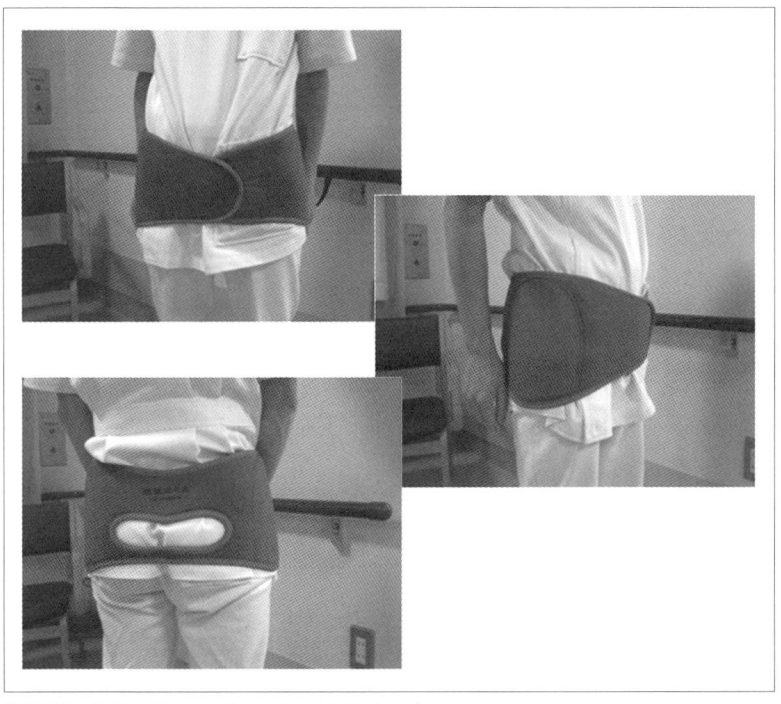

保護丸くん（ヒップ　プロテクター）

は違ってきます。
- 病棟の雰囲気も大きく影響します．スタッフがバタバタ動いていたりして，全体の動きに統一がないと危険性を見過ごしがちになります．
- ひとりでは見守るのは難しいことです．持ち場を離れる時は声をかけあうなど，チームプレーはここでも有効です．

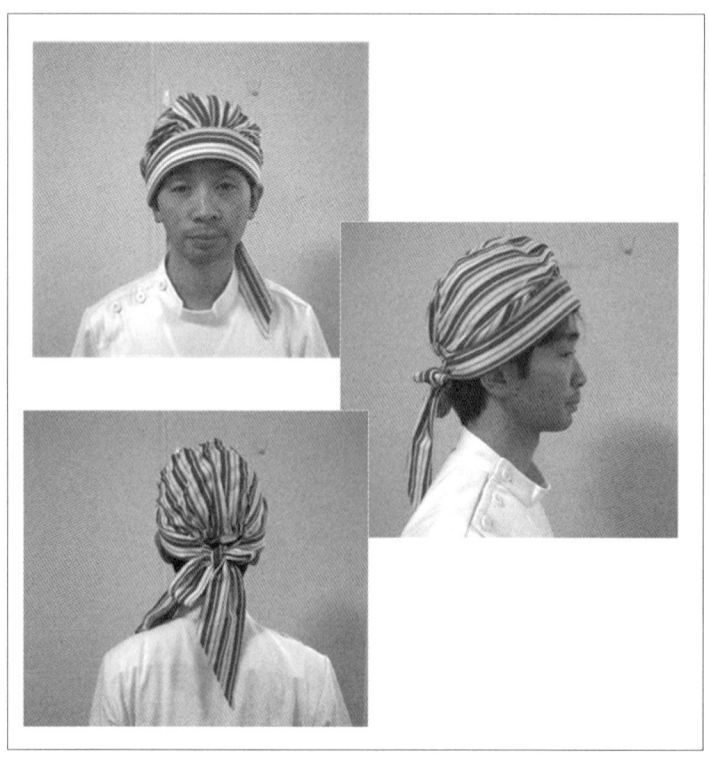

しゃれ帽（頭部保護帽子，abonetホームターバン）

PART C　病院・施設での認知症対応

4. 介助の技術
作業療法士による着脱のコツ

Q1 以前は時間がかかっても着替えは1人で出来ていたんですが，最近は洋服を渡しても，1人では着ることができなくなってしまいました。これからずっと着替えは介護しなければならないのでしょうか？

着替えをする機会は1日に2回，ないし3回はありますから，とても気苦労の元になりますね。
　原因として次のようなことが想定されます。

- 着る順番を考えているうちに，まとまりがつかなくなってしまう場合。
ご本人がどういう順番で着たいのかを聞き，こちらから提案をしましょう。何も聞かずにいきなり袖を通そうと介護してしまうと，本人の思いとずれが生じてしまい，混乱を助長させたり，怒らせたりしてしまいます。ある得意の段階に移すと後は迷わず出来る方も多いようです。途中で止まってしまった時はその都度，順番を聞いたり，提案したりと声をかけるといいでしょう。
- 手先のより細かい作業が困難になってくる場合。
衣類のタイプ別の分類では，ボタンのあるシャツやチャックやフックのあるスラックスは難しく，丸首のTシャツ・トレーナーやゴムの入ったジャージーはより簡単と言われています。
- ボタンのあるシャツを着ている方であれば，ボタンが大きく，留める数が少ない服に替えるのも1つです。それでも大変という方

は，丸首シャツの形態がよいでしょう．ズボンも同様で徐々に簡単なものへの移行していくことです．
- 目で見たもの（形・色・表裏）を頭で認識し，取りかかるまでに時間がかかってしまう場合．

高齢であれば白内障の方も多いため，認知症とあいまって衣服の認識が徐々に困難になってきます．では何を認識するとよいでしょうか．前後や左右の袖はどちらなのか，羽織って着るのか，被って着るのか，ということです．無地のものや，全体にプリントや柄のあるものは判断が難しくなります．そのためワンポイントのプリントや刺繍など，部分的に柄のついたものや，胸ポケットがあるものはそれだけで前後左右が認識できます．また片方の袖口にも色や柄が部分的についていると，そのちょっとした違いでよりわかりやすくなります．また色合いも大切です．全体的に同じ色合いではあまり効果は期待できません．部分的ですので少し派手目な方が目にとまりやすく，認識するには簡単です．より効果的に認識する方法としてこれら衣服を広げて手渡すこと，もしくは床に広げて置くことです．これだけで着られたという例もあります．

PART C　病院・施設での認知症対応

5. 介助の技術
作業療法士による靴はかせのコツ

Q1 靴をはかせるときに足の指がよく引っ掛かってしまいてこずっています。介護用品や大きいサイズの靴にすることはすごく嫌がっています。なにかいい方法はありますか？

　靴の脱ぎはきをするときは必ず，しゃがみこむ姿勢になります。毎回その姿勢で時間がかかっては疲れてしまいますね。このように靴がうまくはけない理由としては次のものが考えられます。

- 足のむくみ

　歩く機会が減り，イスやベッドで過ごす時間が長いと，足にむくみが生じます。そのため今までのサイズの靴では小さいということもありえます。むくんでいないかをよく見てあげてください。また靴や靴下をはいた後に，締めつけられた跡があるかどうかでもわかります。

- 靴の挿入部分が小さい

　靴の横幅がちょうどである場合は，靴の挿入部分が狭いことがあります。そのため足の指が引っかかってしまい，上手にはかせることができないことがあります。ではいくつか解決法を紹介します。

　足のむくみを治すのはなかなか簡単ではないでしょう。市販の弾性ストッキングのようなものや，ふくらはぎすべてを覆うような長めの靴下をはくことで，多少のむくみは改善されます。また毎日で

も歩くことで多少の改善もしくは,悪化の予防になります。また靴をベルクロ(マジックテープ)タイプのものにすることもよいでしょう。はかせやすく,きつくなりすぎることもないでしょう。

　足を靴に入れるときは,足の小指側からはかせることがポイントです。親指は他の足の指より動き幅が大きいので,他の足の指に比べて器用に動かせます。そのため小指側半分をはかせてあげれば,

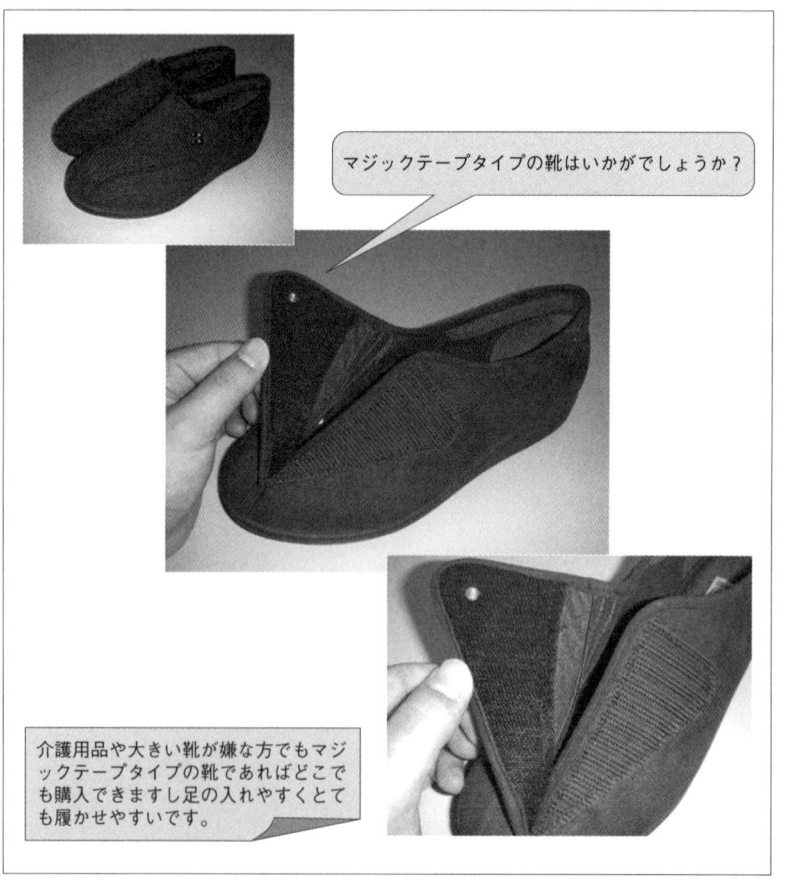

マジックテープタイプの靴はいかがでしょうか？

介護用品や大きい靴が嫌な方でもマジックテープタイプの靴であればどこでも購入できますし足の入れやすくとても履かせやすいです。

ベルクロ靴

親指側は自分ではけるという方もいらっしゃいます。

　靴は無理にはかせると痛みを伴うことがあります。また，足の爪の状態が悪くて痛みをともなうこともあります。そのことで歩くことへの抵抗感が生まれ，のちに寝たきりへの進行も考えられます。たかが靴，されど靴です。

6. 介助の技術
作業療法士による移動介助のコツ（歩行）

Q1 ベッドに横になっている父を車イスに座らせる時に，父の体が大きいせいもあって大変です。私も腰を悪くしてしまいそうで，そのうち一緒に倒れてしまうのではないかと不安です。何かコツはありますか？

病院や施設のスタッフにとってもトランスファー※は簡単ではありません。不安な中をよく対応してこられたことと感心します。トランスファーは技術も大切ですが，環境面としての用具も大きく影響します。それぞれ環境面と技術面にわけて対応を紹介します。

①環境面
●本人がつかまることのできる所があるか
　柵や，ベッドの淵などを握り，自分の力も使って起き上がれる環境にあるかどうかが大切です。ベッド（マット）を手で押して踏ん張るだけでは力不足や不安定なこともありますので，かなりの介助が必要となります。介護保険による柵付のベッドなどの利用を検討してみてはいかがでしょうか。

●ベッドの硬さ
　ベッド上での生活が多くなると「床ずれ」が生じやすくなります。対策の1つとしてエアータイプなどの柔らかいベッドの使用があり

※医療現場ではこれを「移乗（いじょう）」や「トランスファー」などと言います。トランスファーとは人や物を移動させることを言います。

ます。しかし，エアーマットは軟らかい分，安定性は低くなります。そのため支えていないと，バランスを崩して横向きになり，ベッドから落ちてしまう可能性が高いので注意しましょう。それで恐怖心を覚えてしまうと，起きる機会が減り，寝たきり生活に繋がりかねません。

②技術面

　座った姿勢から，そのまま体を持ち上げることは困難です。介護者の負担になってしまうばかりか，腰を痛める原因になります。

● 座位姿勢（図）

　まずは足幅です。狭すぎても，広すぎても力が入れにくく，またバランスも取りにくいので，肩幅くらいがよいでしょう。次に足の位置です。膝を90度以上曲げ，足を少し手前に引きましょう。そこから自分の方に向かって斜め上方に持ち上げます。

　立つということは，まっすぐ上に向かって立つわけではありませ

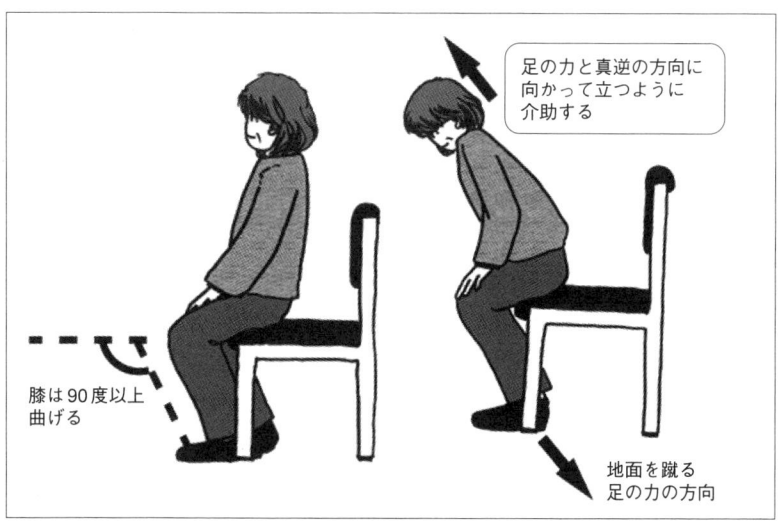

足の力と真逆の方向に向かって立つように介助する

膝は90度以上曲げる

地面を蹴る足の力の方向

座位姿勢

ん。軽くお辞儀をしてから，斜め前方へ向かった後に上に向かいます。その際に足を手前に引かせて地面を蹴ることで，より斜め前方に体が向かい，立ち上がりやすくなります。

● 立っていられる方には……

　急がず，大切なのは安定感。いきなり車イスに向かって体を動かすと，本人は準備が出来ておらず，倒れることがあります。特に横方向へふらつくと自分でバランスが取れない方も多いようです。まずは立位姿勢が安定するまで待ちましょう。

● 立っていられない方には……

　全体重を抱え込まない（イラスト参照）。持ち上げるのではな

> **ショートショート**
>
> 　エアマット等の厚いマットレスはベッドの高さが高くなってしまいます。そこで低床ベッドにする，キャスターをとるなどの工夫も求められます。

> **コラム**
>
> 　歩いてもらうには精神面も大切です。立つためには気持ちの準備が必要です。「どこにいくのか」「なんのために立つのか」をわかりやすく説明し，立とうという気になってもらうとより立ちやすくなります。むりに立たさないことです。

く，振り子をコントロールするイメージです。両方の足底をしっかりと床面に接地させて，本人の立つという縦方向への力を利用し，介助者は方向を中心にコントロールします。そのまま側方につけた車イスに乗せます。

本人は上に立つ力

振子をコントロールするイメージで…

病院　歩行のコツ

Q2 歩かせる時によく立ち止まってしまって，すごく時間がかかります。引っ張ろうとしても転んでしまいそうで心配です。どうしたらよいでしょうか？

病院　転んで怪我をしてしまっては大変ですね。けれども車イスに頼りすぎず，歩く機会をつくることはとても大切です。たいていの場合，前から手を引いて介護すると思いま

す。しかしそれでは本人の目に入るものは、介護者であるあなたのみであったり、今しようとしている目的とは関係ない景色でしょう。それでは目的が何か、どこに向かって歩いているのかわからなくなってしまいます。解決策を、歩行能力別にお答えします（イラスト参照）。

- 側方から片脇を支える程度で歩ける方、もしくは後方から両脇を支える程度で歩ける方……

その方の側方、後方から脇を支えてみてはどうでしょう。そうすることで今まではあなたの姿が妨げていた視界が開けることになり、見えていなかった目的物・場所を見ながら歩くことができます。また時折、どこへ向かって、なぜ歩いているのかをお教えすることでより効果が大きくなるでしょう。

- 前方からの手引きでないと歩行が困難な方……

やはり視界の確保は難しいと思います。そのため、こまめに声かけ（どこへ向かい、なんのために歩いているのか）をすることが必要です。また、世間話や本人の好きな話などをし、気を紛らわせながら歩いてもらうのも1つの方法です。

私たちでも目的を理解しないで、他人に移動されられると不安になります。ましてや視界が塞がれていればなおさらでしょう。歩くときは視界良好と目的物・場所への情報を明確にすることをぜひともこころがけましょう。

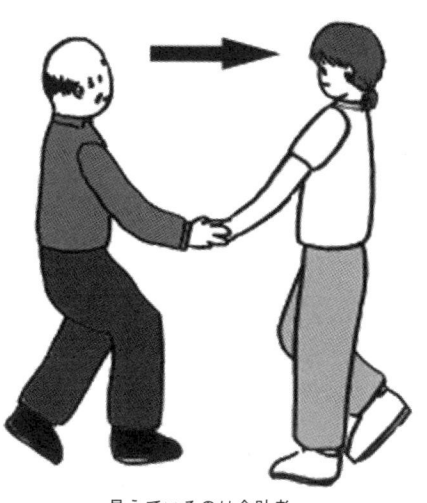

6. 介助の技術　作業療法士による移動介助のコツ（歩行）

見えているのは介助者
目的場所・物が見えない

左手で脇の下から支える
右手でズボンをつかむ

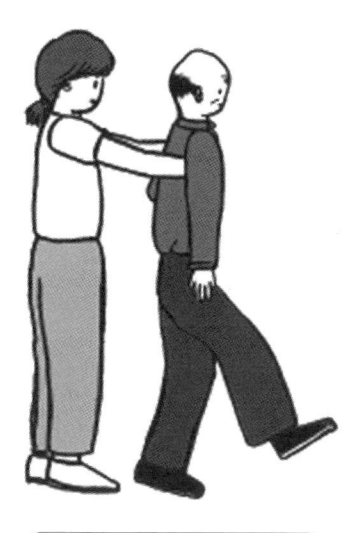

両手で脇の下から支える

病院　歩行のコツ

ショートショート

　ソファはおしりが沈みやすく，足もうしろにひけないので立ちにくくなります。おしりをまえに出し，浅くすわってもらって立ち上がらせましょう。

PART C 病院・施設での認知症対応

7. 介助の技術
作業療法士による車イス操作のコツ

Q1 車イスを押しているときに足が床についていたらしく，気がついたら足が赤くはれ，痛みもありました。車イスに乗ったときにはどんなことに気をつければいいでしょう？

病院 正しく，安全な使い方を知る機会はなかなかないですね。よい機会ですから車イスの使用方法として気をつけていただきたい点を紹介します。

● 車イスに体を預ける

車イスにはいくつか体の一部を乗せる部分があります。そこから外側へも内側へもはみ出すことなく乗せておくことが大切です。

●「アームサポート」：肘掛け（写真参照）

手や腕が外側に出ていると，ドアや壁に挟まれてしまうことがあります。逆に内側に入っていると，肘が外側になり，ドアや壁にぶつけてしまいかねません。

●「フットサポート」：足置き

足がここから先に出ていると，足底もしくはつま先が地面に接することになります。このまま車イスを押すと地面に足をぶつけたりひっかけたりし，足を捻挫や骨折してしまう危険性があります。

●「バックサポート」：背もたれ

車イスにはシートベルトがありません。そのため急発進・急停止をすると体に無理な負担がかかるばかりか，前方に転落してしまう

[図：車イスの各部名称 — バックサポート、アームサポート、フットサポート]

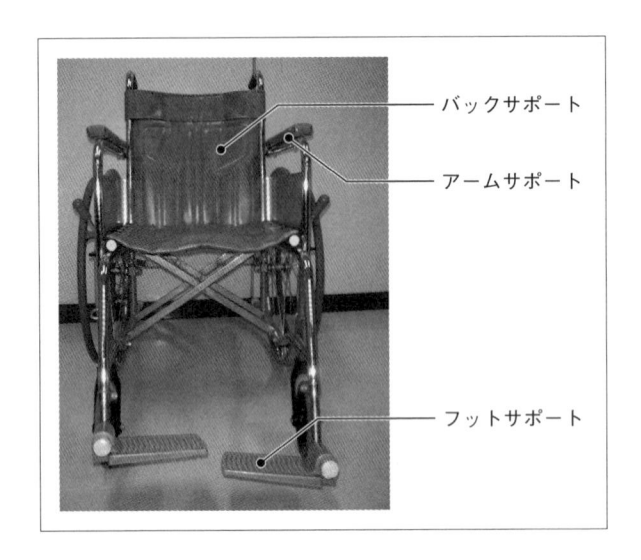

危険性もあります。

　認知症の方は，指示を忘れて，手や足を外に出したり，体を起こしたりしがちです。ドアや細い廊下を通るときはとくに確認をしてあげて下さい。

● 言うまでもなく車イスは生活の場ではありません。

　車イスは生活の場ではなく，あくまで移動のための手段です。介護者の多くは，ベッドから起きた後は，食事もその他の活動も，全て車イスで行いがちです。じっくり座るのならイスなどに移してあげて下さい。車イスとイスの構造の違いは大きいのです。

　違いとは座面と背面に板が入っているか否かです。車イスはシートだけなので長時間乗っていると，シートはたわみ，背中は曲がってしまいます。極端に言えばハンモックに座っている状態です。バランスも悪ければ姿勢も悪いし，長時間になるほど体には負担がかかります。

　たしかに移動用としてのみ使うとなると，その都度トランスファ

車イスの背もたれはシートのため，長時間の利用には向かない

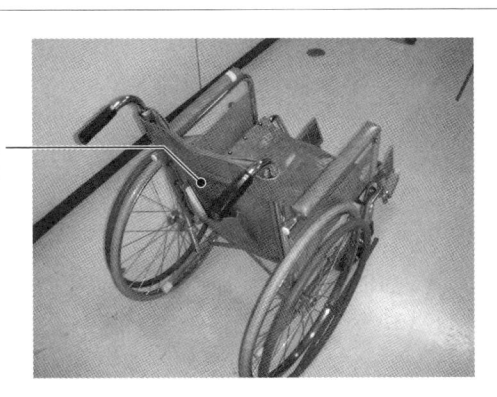

しっかりとした背もたれがある

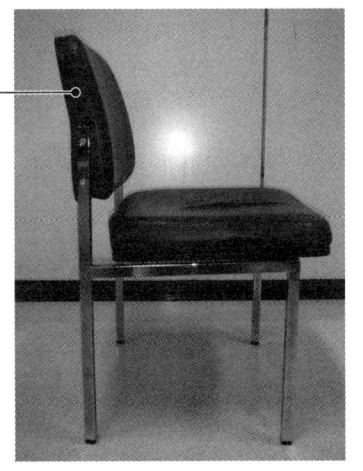

ーが必要になってきて，大変です．その反面，立ち，座りを繰り返す機会が生じるから体力アップにもつながるのです．

8. 介助の技術
作業療法士によるベッドから起こすコツ

Q1 最近ベッドの上で食事を摂ることが増えてきました。その方が介護は楽なのですが、寝たきりにさせることになり、どんどん弱っていくと言われました。しかし立つこと、歩くことが大変になってきています。それでもベッドから起こした方がいいのでしょうか？

介護方法を自分なりに工夫している中で、他の方からネガティブな意見や否定されると疲れてしまいますね。

可能であれば、なるべくベッドから起こして居間など他の部屋に行くことです。1日中ベッドで過ごすと、脳への刺激が著しく少なくなります。そうなると、本人は何もしない、何もしたくないとなって、体力の衰え、認知症の進行に繋がってしまいます。

歩ける方は日課として歩く時間帯を作り、習慣化することが大切です。歩くのが困難な方には車イスへ乗り移り、起きている時間帯を作ることが大切です。

ここで気をつけていただきたいのが車イスです。車イスは今の日本人の標準体型160〜170cm位の成人を対象としているものがほとんどです。サイズが合わない車イスだと、たるんだシートは不安定な（前項で述べた通り）ばかりか飲み込みの問題、床ずれ（褥瘡）の形成、骨のゆがみ（弯曲）につながります。

座位を保持するということは次の意味があります。
①飲食がラク

腰が曲がり，首が垂れた姿勢では，飲食も困難になります。口に入れても，嚥下が出来ない，飲み込むのに時間がかかれば，食事量も減ってしまいます。また体力も落ちてしまいます。逆に顔を上に向けすぎると，嚥下が困難になります。ものを飲み込む時には多少頷きながら「ごっくん」とやるほうがずっとラクです。

②床ずれの予防になる

座位で過ごす時間をもてば，横になっている時間は減ります。となると姿勢の変化が多くなり，床ずれ予防になります。また立つ，歩く，座るという動作も必要となるので，たとえ少しであっても，体を動かす機会が生まれます。反対に車イスのたるんだシートで長時間座っていると殿部が圧迫され，床ずれを生じやすくなります（前項の車イスの使い方を参照）。

③体力，心肺機能を刺激する

座位をとると体の各部分に体重（重力）がかかります。イスに対し垂直に座っていると頭部に7％，体幹に43％かけられます。さらに，肘かけに腕をのせると各6.5％，肘かけがなければ殿部，大腿に50％の体重がかけられます。このように座るだけで身体にけっこう負担をかけられるので体力アップ心肺機能刺激になるのです。

PART D
起こりがちな病気と障害

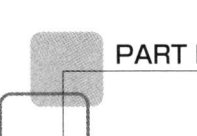

PART D　起こりがちな病気と障害

1. 誤嚥性肺炎

(1) 誤嚥性肺炎とは？

　食べ物を飲み込むのが困難になり食道に入らず，気管に入って肺炎の原因になることがあり，誤嚥性肺炎と呼ばれます。老化とともに肺や器官の働きも弱ってきます。また気管に異物が入ったときにこれを吐き出す力が弱まり，誤嚥を防ぐ反射も鈍っています。しかも細菌への抵抗力も弱っているため，細菌に感染しやすくなるのです。

(2) 症状

- 微熱または熱が出ないまま呼吸症状が進行する
- 呼吸数が多い，呼吸困難
- 軽度あるいは中等度の意識障害

　このような症状があるときには早めに受診しましょう。

(3) 予防のポイント

- 食べ物や飲み物の誤嚥を防ぐ
  食事のほか薬を飲むときも，上半身を起こす
- 口の中の清潔を保つ
  義歯の人は義歯の手入れとともにうがいをする
- 寝たきりを防ぐ
  寝たきりでは唾液などが肺にたまってしまいがちです

(4) 誤嚥を防ぐ体操

- 深呼吸
- 首の運動
- 肩の運動
- 両手を挙げて背筋の運動
- 頬の運動
- 舌の運動
- 「パ,ラ,カ」などと発音する
- 深呼吸

なお高齢者では三環系抗うつ薬や尿失禁の治療薬として抗コリン作用を有する薬物がよく使われます。こうした薬物では口渇ばかりでなく,嚥下機能障害も生じやすいので要注意です。

サイドメモ

肺炎の予防:肺炎球菌ワクチンの使用も肺炎の予防に一定の効果があります。

PART D 起こりがちな病気と障害

2. 床ずれ(褥瘡 じょくそう)

(1) 床ずれとは？

体のある部分が圧迫され続けるとそこに血流障害を生じてしまい，そこには酸素や栄養素が供給されなくなるので皮膚や皮下組織の損傷を生じることが床ずれの本質です。

(2) 発生要因

- 体のある部分が圧迫されること

骨の出っ張っている殿部，腰部，かかと，背骨の辺りがもっともできやすいところです。長時間同じ姿勢でずっと圧迫され続けると，体のどこでも床ずれが出来ます（図参照）。

- ずれと摩擦

ずれとは筋肉内の通る血管が横に引き伸ばされることで，その結果として血流障害を引き起こします。また皮膚と布団との間に摩擦を生じると表皮が傷つきます。

- 湿潤

尿，便，発汗，分泌物などで湿潤した状態が続くと皮膚はふやけてやわらかくなります。

- 低栄養

蛋白・カロリー不足，鉄分の不足などがあると床ずれは発生しやすくなります。しかも感染に対する抵抗力が下がるので傷が治り難くなります。

- 加齢

加齢に伴い皮下脂肪，皮膚，筋肉はうすくなり，血管の弾力も低

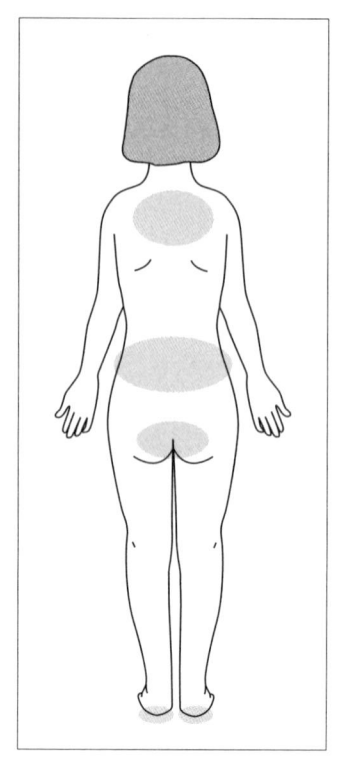

図：床ずれができやすい部位

下します。
- 低血圧

低血圧でも，末梢の血の流れが悪くするので床ずれが発生しやすくなります。

(3) 床ずれの対応

床ずれは，皮膚の表面だけでなく，圧迫によって血流が途絶えた組織の障害です。衣類の交換時，入浴や体を拭く時，トイレ介助の時などに，皮膚の赤みや傷があるかをよく見ます。表面の傷が小さ

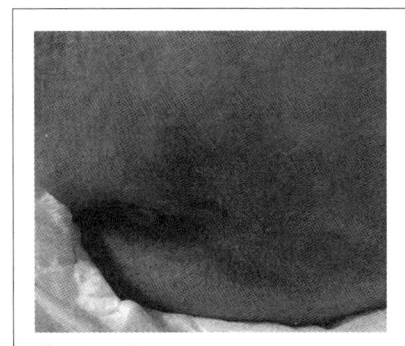

浅いとこずれ　　　　　深いとこずれ

くても，骨に近い所の障害は大きい場合があります。

　どの状態であっても専門的な治療が必要になりますので，小さな傷，浅い傷と自己判断せずかかりつけの先生にご相談して皮膚科を紹介してもらって下さい。体を見せてくれない，見ようとすると殴りかかろうとされる場合でも，下着に液のしみ出し（しんしゅつ液）のような汚れが着いていたり，臭う時は，床ずれの悪化が考えられます。すぐにかかりつけの先生に相談して下さい。床ずれの感染が進行すると，骨髄炎や敗血症を起こすことがあり，一刻を争う状態になることもあります。

　床ずれに対しては傷の治療だけではなく栄養，摩擦やずれ，湿った状態，体圧分散寝具などの対応が必要になります。地域の病院の皮膚・排泄ケア認定看護師がいろいろな情報を持っていますので，ご相談下さい。

　赤みを帯びた部分のマッサージは，摩擦とずれを助長しますので，すべきではありません。摩擦をさけるためには，ワセリンなどの油脂剤を塗ると効果的です。

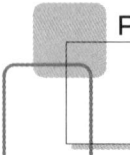

3. 尿失禁

(1) 尿失禁とは？

本人の意思に反して尿が漏れてしまう現象をいいます。

尿失禁の種類

切迫性尿失禁	突然強い尿意を生じ，我慢できず漏れてしまうもので認知症など大脳の疾患に伴いやすいもの
反射性尿失禁	膀胱にある程度尿がたまると尿意なしに反射的に漏れること
溢流性尿失禁	膀胱内にたまった尿が尿道の圧に勝って溢れ出てくるもの
腹圧性尿失禁	咳やくしゃみ，重いものを持ったりするときに腹圧がかかって尿が漏れる状態
機能性尿失禁	認知障害，情緒障害，コミュニケーション障害や不足，移動およびトイレ動作の障害，環境的障害などによるもの

(2) 尿失禁に伴って生じる症状

皮膚の発赤・びらん・床ずれ	排泄物による刺激，頻回のふき取り，洗浄による刺激が加わって生じる
社会活動の低下	尿の臭い，尿漏れが気になり外出しにくくなる
自尊心の低下・羞恥心・自己否定・罪悪感・介護者の疲労	うつ状態になることも少なくない
経済的負担	パットやオムツ代など

(3) 対応方法

腹圧性尿失禁	骨盤底筋訓練,仰向けの姿勢,四つんばいの姿勢,机にもたれた姿勢,座った姿勢。これらを毎日行うこと
機能性尿失禁	排尿記録をし排尿パターンを把握する,トイレ誘導,環境の整備,使いやすい排泄用品の選択,ADLの訓練

参考文献・引用文献
1) 大友英一:お年寄りの家庭看護.主婦と生活社,2000
2) 小板橋喜久代・阿部俊子:エビデンスに基づく症状別看護ケア関連図.中央法規出版株式会社,2007

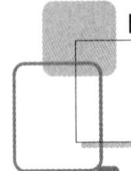

PART D 起こりがちな病気と障害

4. 拘縮

(1) 拘縮とは？
　拘縮とは関節周囲の皮膚，その皮下組織が変性することで関節が硬く固まることを言います。

(2) 症状
　実は関節をふつうに動かしていればそれは，わずかではありますが関節は破壊されます。健康ならば関節内部の組織はこの破壊に対して再生を繰り返すことで保たれています。しかし寝たきりなど動かす機会が減っていくと，破壊はなくなってしまうのに再生だけが行われる結果カチンカチンに固まってしまうのです。これはとくに腱や靭帯などでみられます。
　その結果，寝たきりのように同じ姿勢をとり続けると，関節は徐々に動かなくなってきます。健常者でもある関節をギブス固定などで4日間も固定すると拘縮が生じますし，4週間もするとその関節を動かせなくなります。

(3) 予防のポイント
　拘縮の予防には各関節を動かすストレッチをすることです。自分で動かすのが困難な場合は，人に1日1回〜2回を目安に動かしてもらってもいいのです。出来れば訪問リハビリに依頼するのがよいでしょう。というのは，寝たきりが進んできている場合，骨そのものももろくなっているので無理に動かすと骨折の危険性を伴うからです。訪問リハビリの方からやり方を教わり無理のない範囲で動か

してあげることが望まれます。

ショートショート

　姿勢をかえることも大事です。1日のうちに，座ったり，立ったりと，関節を動かす機会を何回かもてるとよいと思います。

PART D 起こりがちな病気と障害

5. 廃用性筋萎縮(はいようせいきんいしゅく)

(1) 廃用性筋萎縮とは？

長い間寝てばかりいることで，筋肉を使用しないために筋肉がやせ筋力が低下することを言います。身体の表面を覆う骨格筋ばかりでなく，心臓などの筋も衰えていきます。その結果，歩くことも動くこともできなくなります。

(2) 予防のポイント

予防には進んで動かすことが1番です。若いうちからダンベル体操などを習慣化しておくのもよいでしょう。また自分で動かせなくなれば，訪問リハビリなどに依頼するのがよいでしょう。関節を動かす時と同様に骨折の危険性を伴うからです。筋の萎縮に対しては筋を伸ばすだけでも予防効果があると言われます。拘縮同様に訪問リハビリの方からやり方を教わり無理のない範囲で動かしてあげましょう。

ショートショート

体力がなくなってきても，せめて座って活動する習慣をつけて下さい。リハビリは日常生活で体を動かすことが基本です。

PART D　起こりがちな病気と障害

6. 低温火傷（ていおんやけど）

(1) 低温火傷とは？

　低温火傷とは熱傷の分類で最も軽症のものを言います。皮膚血管の膨張，充血による発赤や紅斑がみられるだけで，いわゆる水ぶくれはできません。そのため本人や家族でも気づかないことがあります。

　また高齢になるほど温度感覚が鈍くなってきます。その熱いものに長時間さらされていても，それに気づかずに熱傷を起こしていることがあります。気をつけなければならないのはコタツやホットカイロです。感覚が鈍くなっていると，コタツの暖かさを"強"にしたまま，コタツに長時間入っているのに熱さがわからず，足に広範な熱傷を起こすことがあります。またホットカイロの貼りっぱなしだけでも熱傷を起こします。

(2) 予防のポイント

　予防策としては，コタツは長時間入って過ごさないこと，暖かさの強弱を変えることがあります。またホットカイロを直接地肌には貼らないこと，長時間身につける場合はこまめにチェックすることです。低温火傷を起こしてしまったら，皮膚科受診をしてステロイド含有軟膏を塗るなどの治療があります。慌てることなく対処して下さい。

PART D 起こりがちな病気と障害

7. 転倒・骨折

　年齢とともに骨がもろくなりますから，ちょっとした転倒でも骨折することがあります。よくみられるものに，転倒した際に手をついての手首骨折や尻もちをついての大腿骨頸部骨折があります。手の骨折も足の骨折もその後の生活に大きく影響しますので，どうか気をつけてください。
　「転倒しただけで骨折していないと思っていた」という話はしばしば聞かれます。そこで骨折した際の症状と病院までの応急処置を紹介します。

①骨折部は腫れ上がりますが，これは一般に受傷後24〜72時間が最も著しいものです。だから転倒された次の日まで体のどこかに腫れはないかどうか確認してください。

②骨折部には当然痛みがあります。それがなくても手で押して痛いと言われたら骨折を疑ってもいいでしょう。

③痛みや腫れにより関節運動が制限されます。応急処置としてまず骨折部を中心に長い板などをあてて包帯やタオルで固定します。次に局所を冷却し，圧迫包帯を巻きます。そしてこの部分を少し挙上します。無理に動かすとかえって危険なこともありますので，場合によってはこれらすべてを行わなくてもいいでしょう。いずれにしても整形外科受診が必要です。

　原因となる転倒は大きな段差というより，むしろちょっとした段差で生じがちです。玄関や風呂などはご本人にも危ないという意識があり，気をつけて行動しますが，数センチの段差や絨毯のめくれ

などは危ないという意識が乏しいだけに却って危険です。また本人だけでなく家族にも危険だという認識が低いことも原因の1つかもしれません。

　高齢になるとボディイメージが低下していきます。ボディイメージとは体の一部，たとえば足を上げたときに実際にどのくらい上がっているかを見ずに感じとる能力です。これが正確であればつまずいたり身体をドアや壁などぶつけたりすることは少ないはずです。ところがこれが低下していると，足を上げたつもりでも実際には上がっておらず，つまずいて転倒してしまうのです。また白内障など視力の障害も転倒発生に大きく影響していると言われます。

予防のポイント

　小さな段差には板を敷き詰めるなどして段差をなくせることが1番です。手軽な方法としては，小さなスロープを置くのもいいでしょう。段差と同じ高さの底辺の三角形（直角二等辺三角形）のスロープを作るわけです。ただしこのスロープが不安定ではかえって危険ですからしっかりと固定することが大切です。畳の上に敷いている絨毯には画鋲やピンなどでしっかりと固定しましょう。逆に固定できなければ取り払うのも一法です。

その他の転倒に関わる要因

- 巻き爪／変形爪／肥厚爪／爪白癬
- 足白癬
- 心不全の悪化
- 脱水
- 糖尿病　など

> **コラム**
> 精神症状がつよいときは環境に注意が向かずより転倒しやすくなります。不安などをとり，おちついてもらうことも大事です。

ショートショート
階段では，蛍光テープを段の端にはるのも効果的です。

PART E
用語解説

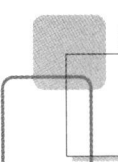

PART E　用語解説

用語解説

●失語
言いたいことが言えない，相手の会話がわからない，発した言葉が文章になっていないなどの状態。また書字や音読，言語の理解ができなくなることもある。

●失行
マヒや感覚障害はないのに洋服の着脱の仕方がわからなくなったり，包丁やハサミなどが使えないといった行為の障害をいう。他に指まねなど指示された体の動きができなくなったり，図形などを写せなくなるものもある。

●失認
視力や，視野は保たれているのに見ているものが何かわからない障害。また物や色，人の顔が認識できなくなるものや，三次元の空間が認識できないものもある。

●注意障害
1つのものに意識を向けることができなくなる障害。また必要に応じて意識を他へ移すことができなかったり，複数の対象に同時に意識を向けられなかったりする。

●遂行機能障害
ある目的を計画し，順序よく成し遂げることができなくなる障害。

● 巧緻性
手や指で行う細かな動作のこと。またその能力。

● 協調性
両手や手足,目と手の滑らかな動きなど連動したスムーズな動き,一連の動作の流れを意味する。

● 満腹中枢
脳の一部で食欲をコントロールする場所。ここが破壊されるとどんなに食べても満足感が得られず,いくらでも食べ物を欲しくなる。

● 自発性
自分からやろうする様子。やる気。

● 座位
座った状態の姿勢。イスであればイス座位。

● 立位
立った状態でいること。

● トランスファー
介護者が患者を車イスやベッドから移動させることをいう。移乗ともいう。

● ADL
activities of daily living の略。日常生活活動(日常生活動作)。

●デイケア

通所リハビリテーション施設のこと。

●デイサービス

通所介護施設のこと。

索　引

〔あ〕

赤い背負いカバン　36
脚がパンパン　156
遊び食い　155
アニマル症候群　147
暴れる　131
安全な徘徊　62, 65
移乗（いじょう）　166
異食　11, 150
一点集中食い　5
衣類をタイプ別に分類　20
うがいをする　32
同じものを着てしまう　27
お仏壇のロウソクやお線香　37
お風呂の時間　25
温泉の素　26

〔か〕

介護保険　132
関わり　113
隠し場所　99
重ね着　21
火事　37
仮性作業　58
着替え　161
着方がわからない　33

帰宅欲求　67
救急車　128
休日　51
クーリングオフ　47
靴をはかせる　163
繰り返し　151
繰り返し質問への対応　89
車イス　173
携帯のアラーム　50
傾聴　149
毛糸玉　53
拘縮　188
抗精神病薬　83, 84, 85, 136
抗精神病薬の副作用　136
行動記録　84
誤嚥　7
誤嚥性肺炎　181
こぼさない　10

〔さ〕

サービス拒否　118
視界　4
嫉妬心　127
社会的な場面　30
しゃれ帽　160
シャワーチェア　26

ジャンケン　106
収納場所　99
身体障害者用のトイレ　81
睡眠パターン　55
性的ないたずら　150
性的問題　125
セールス　47
せん妄　133, 134

〔た〕
大腿骨頸部骨折　159, 192
宅急便　45
タッチ体操　30
タバコ　37
食べていない　152
地域権利擁護事業　99, 101
小さい声で話す　60
着衣失行　18
着衣着火　39
注意　3
中毒110　12
調理　37
つきまとい　93, 148
低温火傷　191
デイケアにおける人間関係　122
デジタル時計　90, 91
電磁調理器　39
電動自転車　42

転倒・転落の予防法　157
トイレが詰まった　80
トイレの鍵　70
トイレ誘導　69
透明クロスの下　102
透明ビニールクロス　102
床ずれ　183
トランスファー　166
トレーナー　22

〔な〕
日常的金銭管理サービス　99
尿失禁の種類　186
尿取りパットの工夫　82
認知症＝神様の友達　141
認知症を否定・否認　115
認認介護　120
寝たきり　176
熱中症　22
のどに詰まった　14
飲みこむ機能　6

〔は〕
徘徊　61, 146
ハイソックス　57
排尿　71
廃用性筋萎縮　190
歯磨きのしかた　31

早食い　14
BPSD（認知症に伴う行動と心理の症状）　137
ヒッププロテクター　159
非薬物療法　137
昼夜逆転　56, 148
服薬管理　104
不潔行為　75
ベルクロ（マジックテープ）タイプ　164
便秘の薬　151
便を食べてしまった　79
防水シーツ　74
放尿への対応　153
暴力・暴言　83
ほめ殺し　106
ほめる　51, 90

〔ま〕
満腹中枢の障害　7
身だしなみ（整容）　29
身なり　29

無駄な買い物　34
メッセージ　46
免許　41
免許更新制度　44
もの盗られ妄想　87, 149

〔や〕
Yahoo グルメ　8
やり甲斐　141
夕暮れ症候群　61
浴槽の座イス　28

〔ら〕
ラップのリズム　24
リセットする　23
レビー小体型認知症　134, 135
弄便行為　74
弄便（便こね）　151

〔わ〕
ワークマンの作業服　73
割れない茶碗　86

編者紹介

朝田　隆（Asada Takashi）
東京医科歯科大学医学部卒業（1982）。2001年5月より，筑波大学臨床医学系精神医学教授。専門分野：老年精神医学，とくにアルツハイマー病の臨床一般とうつ病。研究面では，早期診断法・予防，プロテオミクス研究。

吉岡　充（Yoshioka Mituru）
東京大学医学部卒業（1977）。現在，東京八王子市・上川病院理事長。高齢者医療・ケアの政策決定過程に関与。1986年より高齢者医療現場での身体拘束（抑制）廃止に取り組み，介護保険における身体拘束禁止規定に影響を与える。

木之下　徹（Kinoshita Toru）
東京大学医学系研究科保健学専攻博士課程中退，山梨医科大学医学部卒業（1996）。現 こだまクリニック院長。認知症の訪問診療専門の医師として，BPSDで医療機関に通えなくなった人たちを丁寧に診ている。

©2010

第1版5刷　2010年9月21日
第1版発行　2010年3月31日

こうして乗り切る，切り抜ける
認知症ケア
家族とプロの介護者による
究極の知恵袋

（定価はカバーに表示してあります）

編　者　朝　田　　　隆
　　　　吉　岡　　　充
　　　　木　之　下　徹

検印省略

発行者　　　　　林　　峰　子
発行所　株式会社 新興医学出版社
〒113-0033　東京都文京区本郷6丁目26番8号
電話　03(3816)2853　　FAX　03(3816)2895

印刷　株式会社 藤美社　　ISBN978-4-88002-809-5　　郵便振替　00120-8-191625

・本書の複製権・上映権・譲渡権・公衆送信権（送信可能化権を含む）は株式会社新興医学出版社が保有します。
・JCOPY〈(社)出版者著作権管理機構 委託出版物〉
本書の無断複写は著作権法上での例外を除き禁じられています。複写される場合は，そのつど事前に(社)出版者著作権管理機構（電話 03-3513-6969，FAX 03-3513-6979，e-mail : info@jcopy.or.jp）の許諾を得てください。